0~6岁
教养启示录
III

好孩子大视野

孩子成长最关键的
9个视野培养主题

张海媛◎著

企业管理出版社
ENTERPRISE MANAGEMENT PUBLISHING HOUSE

图书在版编目（CIP）数据

0～6岁教养启示录. 3, 好孩子　大视野 / 张海媛著.

—北京：企业管理出版社，2013.2

ISBN 978-7-5164-0265-8

Ⅰ. ①0…　Ⅱ. ①张…　Ⅲ. ①儿童教育—家庭教育

Ⅳ. ①G78

中国版本图书馆CIP数据核字（2013）第009661号

书　　名： 0～6岁教养启示录. 3, 好孩子　大视野

作　　者： 张海媛

责任编辑： 张　羿

书　　号： ISBN 978-7-5164-0265-8

出版发行： 企业管理出版社

地　　址： 北京市海淀区紫竹院南路17号　邮编:100048

网　　址： http://www.emph.cn

电　　话： 编辑部（010）68453201　发行部（010）68701638

电子信箱： 80147@sina.cn　zhs@emph.cn

印　　刷： 北京中新伟业印刷有限公司

经　　销： 新华书店

规　　格： 160毫米×230毫米　16开本　16印张　262千字

版　　次： 2013年2月第1版　2013年2月第1次印刷

定　　价： 32.80元

前 言

中国父母不论在何时都有“望子成龙”的情结，世界的大门从未像今天这样向我们开放过，面对来自世界的竞争，中国的父母们不仅希望孩子成龙，而且希望他们能成为“世界龙”！于是西方的教育模式、方法不断涌入中国，启蒙式教育、英语母语教育、剑桥英语等级考试……好一个乱花迷人眼！中国老祖宗留下来的传统教育观念受到了西方文化的强烈挑战。

很多有条件的父母把孩子送到国外游学，还有很多父母即使条件不足也会想方设法地把孩子送出国。出国去转一转当然有好处，孩子们可以开阔视野，增长见识，感受不同文化的熏陶感染。但是大多数父母并不具备这个条件。这个时候，作为家长就应该有清醒的认识，那就是：是否采用西方的教育方式，是否出国游学、留学都不重要，重要的是如何在孩子面前摊开一幅世界地图，打开孩子的视野。

有了飞机，我们可以从北京到伦敦只用半天时间；有了电话，大洋彼岸发生的事我们也可以第一时间知道；有了网络，我们可以在家接受美国老师的英文指导……科技，让我们离世界越来越近。可是如何教导孩子去“看”世界呢？认一认各国的国旗，可以知道世界上有哪些国家；读一读世界名著，可以知道其他国家的小朋友在学习什么；打开网络，可以知道世界各国同龄的小朋友在做什么；唱一唱外国儿歌，会发现音乐是没有国界的……

为了使孩子不做“井底之蛙”，更不要“坐井观天”，父母应该教会孩子怎么做才是正确的。父母和孩子都不要盲目自高自大，认为中华民族几千年的文明凌驾于世界之上，文化要高其他国家一等，同时，又不能妄自菲薄，觉得“月亮是外国的圆”，不要用羡慕的眼光去看外国的孩子，要知道 ，孩子在出生的时候，都是在同一条起跑线上的。因此，父母应该在中国的传统文化教育中借鉴一些外国父母的做法，让我们的孩子成为“中西合璧”的小天才。

要让孩子走向世界，我们要给他们什么装备？父母只能给孩子提供硬件上的，比如日常生活所必需的钱，每天必不可少的饭食，包裹住健康身体的衣服。但是成长的技能、情商、时间管理技巧、与人交往的才能等等就不是父母所能给予的了，这些只能靠孩子自己去借鉴、学习。父母应该做孩子的领路人、指导者，让孩子“独立思考去寻找问题的答案”。要让孩子“自己负责，自己解决”，“丰富自己的生活经验”，“不要以自我为中心”。

要让孩子走向世界，成为遨游世界的“世界龙”，“父母要做哪条鱼”？现在谁敢说那些西方教育方法适合中国的孩子，适合中国的国情，适合中国传统的教育和人文环境？早期教育如果能够融汇中西方教育之精华，是中国父母孜孜以求的。父母需要做的是通过了解西方文化，结合自己孩子的实际，将中西方教育融汇在一起。每一个父母因为文化、经历、教育程度等各方面原因，融汇的效果各不相同，但是父母的爱永远是相同的，都是值得称赞的“好鱼”。

未来的世界是更加开放的竞争世界，每个人都将面临机遇和挑战，父母期盼孩子从小开始学会走向世界的心理是正确的，但不可随意盲从，不可一味西化。父母要相信“我的孩子有着怎样的聪明”，给自己自信同时也给孩子自信。

打开孩子的视野，教会孩子走向世界，首先要教育他学会做一个优秀的中国人。

最后，我们向对本书提供帮助的刘力硕、史颖超、孙灵超、张海斌、杨丽娜、杨志强和孟坤，表示感谢！

目　录
CONTENTS

第一篇

给孩子画张世界地图

第二篇

让孩子做个“中西合璧”的小天才

第三篇

火柴盒里走不出国际人才

第四篇

自我成长技能的培养

第五篇

让“EQ”培养登堂入室

第六篇

最有效的时间管理

第七篇

让孩子试着做个“外交大使”

第八篇

父母要做哪条鱼？

第九篇

我的孩子有着怎样的聪明！

第一篇

给孩子画张世界地图

“我和你，心连心，同住地球村。”世界虽然大，但是在强大的科技面前，已经缩小成一个村，“八十天环游地球”早就不是神话了。

面对大得不着边际的世界，孩子应该如何去看待？面对小得只如一个村的地球，孩子又要如何行动？坐井观天，天永远只有巴掌那么大。跳出水井，才能知道天有多大，地有多宽。

世界是五彩的，充满无限乐趣的，父母不仅要自己走出自己的小天地走向世界，还要领着孩子走向世界。学一学其他国家的儿歌，认一认其他国家的国旗，通过网络认识几个外国朋友……这些都是让孩子走向世界的方式。孩子的眼界打开了，他的世界变大了，他的心胸才能更大，路也才能走得更远。

NO.1

给孩子一个地球仪

朵朵只有两岁的时候，朵朵爸爸就从文具店抱回来一个大大的地球仪，地球仪很大，和朵朵差不多高。我说：“朵朵刚刚两岁，连话都说不清楚，你抱这么大个地球仪回来做什么呀？”朵朵爸爸说：“让她看世界啊，就是因为她小，所以抱一个大的，让她看得更清楚，这样才能记得更牢固。”我有点无语，不过还是把地球仪放到书桌前。

奇怪的是，朵朵对这个地球仪很感兴趣，只要有机会她就走到地球仪前面，左转一转，右转一转。朵朵爸爸和我有时间就教朵朵认识地球仪，给她指中国在哪里。慢慢地朵朵知道了中国像个大公鸡，还能用小手给我们指出来。后来，朵朵还知道了俄罗斯、美国、加拿大等几个国家。我们吃日本寿司回来，在朵朵爸爸的引导下朵朵在地球仪上找到了日本；听到活跃的《西班牙斗牛士》舞曲，我们就教导她在地球仪上找西班牙；在麦当劳吃快餐回来我们又让她在地球仪上找到了美国。

有一次我们家来客人，朵朵随手拨转着地球仪。客人让她找找中国，她很快就找到了，客人又让她找美国、法国，朵朵不仅轻松地指出了地球仪上的国家所在位置，还喃喃地念着“美国”、“法国”，让客人吃惊不已。

仔细想一想，朵朵爸爸说得对，孩子虽然小，可是她是生活在地球上的，应该认识地球上的国家及地球真实的样子。我和朵朵爸爸很看重培养朵朵的探索精神和能力，因为探索精神是孩子认识世界和主动学习的动力，激发了孩子的好奇心和求知欲，对他的智力发展非常重要。而且孩子各个方面的潜能发展水平，都依赖于孩子主动、反复的探索，探索精神会影响孩子的一生。因此不要阻止孩子的探索本能。

国外父母对待孩子探索世界的态度是什么样的呢？比较经典的例子就是“吃生米”的故事。当什么都不懂的小宝宝，抓起生米就要往嘴里送时，在一旁的大人丝毫没有要阻止他的意思，“眼睁睁”地看着他把生米送进了嘴里，当然没有熟的生米是不能吃的，父母接着就又看到宝宝把生米吐了出来。国外的很多父母说的是：“吃过一次，他就知道不好吃，以后就不会吃了。”

中国父母现在都知道探索精神的重要性，可是如何培养孩子的探索能力呢？其实方法很简单，就是在日常生活中不断地让孩子去尝试、去认知，就像朵朵认识地球仪一样，慢慢地就能培养出孩子的探索能力，让孩子在自己的能力和认知范围内去探索。

让孩子自己亲身去感受，获得珍贵的直接经验。通过亲身实践和亲身体验得到的直接经验是很宝贵的，相比机械记忆的间接经验，直接经验更能被孩子掌握，并内化成个人能力的一部分。父母给孩子说再多的“生米不能吃”，也远远比不上让孩子亲自尝试一下来得印象深刻。孩子一生要走的路还那么长，父母不可能每次都在他要“吃生米”时都恰巧在他身旁。孩子“亲自尝试”的时间越早越好，因为能力的培养是依靠经验的累积，体验越早、经验越多、能力也越强。这样的孩子以后长大了，只怕是真会跑遍全世界的。

每一个孩子都有好奇心，刚出生的宝宝就已经开始观察、尝试、比较了，他们东摸摸、西摸摸、什么都往嘴里塞，在探索中自得其乐。大一点的孩子开始弄坏玩具，撕坏东西，会说话了就开始不停地问“为什么”。这都是由于好奇心的驱使。是要培养一个充满创意和想象力的孩子，还是要一个呆呆的、懒惰的孩子，很大程度上取决于父母的引导以及是否能够提供一个让孩子探索认识世界的环境。父母别扼杀了孩子的好奇心，同时对孩子不要太过保护，也不要缺乏耐心。

“天为什么是蓝的？”“树叶为什么是绿的？”“为什么我是男孩子？”……父母不禁要问孩子：“你为什么有那么多的为什么？”4～6岁的孩子随着观察力、思考能力和动手能力的增强，他们几乎把一切日常的现象和事实上加上一个“为什么”。对待这一时期的孩子，父母不要觉得孩子烦，而是应该高兴，因为孩子在思考问题，在探索世界。父母应该和孩子多交流，和孩子一起探索世界，让父母的智慧成为孩子探索世界最强的辅助力量。

和朵朵一样大的孩子总是搞破坏，今天闹钟被拆了，明天花盆里的花和土被抠出来了，后天又把金鱼喂撑死了……父母很恼怒吧？怒火中烧吧？闹钟被拆成一堆零件无法还原，漂亮的花不让好好地开着，鱼缸也从此空空如也，诸如此类无法想象的事情还有很多。可是父母知道孩子为什么这么做吗？“拷问”之下才知道，孩子在花盆里发现一个蚂蚁窝，就兴致勃勃地“考察”了蚂蚁的巢穴，所以花盆里的花和土就被搬了家。孩子的每个行为都会有一个原因，如果父母能让孩子说出动因，多问孩子几个“为什么”，甚至开心地与他分享他探索的结果，与他一起做更多的探索，一个小小的科学家会就此受到最好的启蒙教育。

给孩子一个地球仪，让他去认识世界、探索世界吧！父母所做的一切，对孩子长大后养成自我探索、自我思考的习惯都大有裨益。这样长大的宝宝将来思维就不会僵化，也不会人云亦云，一定会有更多自己的想法。

NO.2

来自世界的竞争

上个月，朵朵爸爸去香港出差了，给朵朵买回来了一条漂亮的裙子，朵朵很喜欢。朵朵问："爸爸，香港远吗？"朵朵爸爸说："远，很远。"朵朵又问他："有多远啊？比到外婆家还远吗？"朵朵爸爸笑了笑，说："比到外婆家可远多了。"通过朵朵爸爸在地球仪上连比带划地说明，朵朵知道了香港，还知道香港离我们家很远。

昨天，朵朵回来对我说："妈妈，我们班来了个新的小朋友，他就是香港的。""哦，那你们要跟他做好朋友哟。"我一边做饭一边对朵朵说。朵朵说："新来的航航好有意思，他说话我们都听不明白，老师总是让他慢慢说。"我停下来对朵朵说："香港那边的人一般都说粤语，不说普通话，你们要多帮助航航。"朵朵大声地说："妈妈，我知道了。"

晚上睡觉前，我对朵朵说："朵朵，等你再大一点，你会发现你的同学中不仅有香港人，还会有很多外国人，林林哥哥他们学校不就有好几个外国人吗？我们不仅要学好课本上的知识，还要学习别的国家的文化，这样我们才能迎接来自世界的竞争啊！""来自世界的竞争？"朵朵一听我说完，眼睛瞪得大大的，惊讶地问。我说："是啊，你们以后要和世界上各个国家的人竞争，不就是来自世界的竞争？"朵朵念叨着我的话，慢慢睡着了。

世界的大门从未像今天这样向我们开放过，也从未像今天这样激烈的竞争摆在了我们的面前，接受挑战的不仅仅是孩子，还有父母、老师、社会。面对"来自世界的竞争"我们的孩子意识到了没有？我们准备好了没有？

社会进步了、经济发达了，每个家庭的生活也发生了巨大的变化，很多家庭的生活标准已经达到了“富足”水平。同时，四二一的家庭结构让孩子居于中心，成了父母、长辈的“掌中宝”。很多父母的说法是：“再苦不能苦孩子”。尽自己最大能力地给孩子优越的生活。但是孩子不缺衣、不缺食、不缺学习条件，就能面对“来自世界的竞争”吗？谁也不敢、不能给出一个确切的答案。

现在孩子所面临的时代是色彩斑斓、神奇迷人的时代，许多具有极强诱惑力的东西不断涌现。但是，在享受这些东西的同时，却充满了激烈的、残酷的竞争，我们要想在竞争中取得成功，就必须具有充分的把握和十足的优势。如何才能让孩子具有充分的把握和十足的优势，去迎接来自世界的竞争呢？

朵朵的老师指出：“现在的孩子物质生活都很不错，有的甚至是优越的，孩子头脑也很聪明灵活，但是面对以后的竞争，孩子们还是欠缺点什么。他们缺少的最为重要的不是物质方面的钱、物；也不是精神层面的学习、知识，而是能力，生存的能力。”我笑她都快成专家了，她说这是她们幼儿园的老师总结出来的，专家们也这样说。所以，不论孩子有多大或多小，父母必须教孩子学会生存，具备强大的生存能力又何惧竞争呢？

我们要想让孩子在竞争中取得成功，先要教会孩子怎么样在竞争中生存下去，要教会孩子学会必要的生存技能，提高孩子的自主生存能力。父母的目标应该是把孩子培养成能够自食其力、独立生存于社会的人。要教给他们生存在这个社会所必须的、最常用、最实际的知识，培养最基本、最实用的能力。所以，父母应该在保证自己的孩子能够拥有一个健康身体的同时，通过教育，开发他的智力，引导孩子认识社会、适应社会，培养他的生活自理能力和社会生存、适应能力，从而能够与社会很好地融合。

父母要提高孩子的心理承受能力，要让孩子知道每个人的一生都不是一帆风顺的，总会遇到许许多多的困难和挫折，能否在困难和挫折的压力之下得以生存，将取决于每个人在困难和挫折压力面前的心理承受能力。父母用爱的意志磨练孩子，让孩子独自面对一些困难和挫折，比如孩子摔倒了就要让他自己爬起来，这样孩子面对再一次的摔倒才不会哭泣、求助于他人。

现在孩子的独立生活能力普遍不高，急需提高，对父母或他人过多的依赖，会使孩子形成懒惰的习性和孤僻的性格，最终失去独立生活的能力。父母必须要让孩子学会独立生活，让孩子学习一些必须的生活技能，做一些力所能及的事情，让孩子从中得到锻炼。就算洗个小背心，父母也要试着让孩子自己动手，因为如果孩子一直不动手，那么他将永远不会自己动手。

在孩子的成长过程中，经常会变换环境，新的环境必然对孩子提出新的挑战。谁能尽快适应新的环境，在新的环境中进步，谁就可能更快取得胜利。所以父母要提高孩子对环境的适应能力，让孩子面对不断变换的新环境有更强、更快的适应能力。

10年、20年后，人才之间的竞争将会消除国籍的限制了吧？那么现在的孩子即将面临的是10年、20年后的竞争，而真正的竞争是从现在开始的。父母要教孩子学会竞争，提高孩子的竞争能力。父母要告诉孩子在竞争中，不会有一个人总是处于优势，或多或少都会遇到或大或小的问题或困难。父母不可能时时在孩子身边，遇到问题或困难后，孩子要学会自己去找问题的原因，自己去果断处理。

当然，对于0～6岁的孩子，我们不能要求他事事都能自己判断、自己决定，这需要父母的积极引导，一些对孩子而言是力所能及的事，与其让父母纠结不如让孩子自己做决定，比如天下雨孩子应该穿什么衣服，就让孩子自己去尝试吧。

面对来自未来的世界的竞争，孩子不仅仅要能解决他在竞争中所遇到的问题和困难，还应该积极去尝试各种各样的途径、方式和做法，以求得出现新的局面，这就是开拓创新。因此，父母应该积极地提高孩子的开拓创新能力。父母在教育引导孩子的时候不妨多几个“举一反三”，多几个“由此及彼”，这样不仅能让孩子更快地学习知识，也能让孩子开拓思维，提高开拓创新能力。

今天的世界，充满了竞争，充满了残酷的竞争。未来的世界也是充满了竞争的，父母要想让孩子在竞争中得以生存、求得发展，就必须让孩子多多学习，多多锻炼，经受磨炼，经受考验。今天的孩子将面临世界的竞争，站在这个无限长的起跑线上，父母要学会给予，这种给予不是代替孩子“跑”，而是给予孩子一些让他更高更快更强的的本领。

NO.3

网络是孩子看世界的新窗口

朵朵虽然才5岁，但是已经会上网了，她可以自己找儿歌，还可以自己打开“宝贝直通车”，看自己在幼儿园里的录像。那天东东妈妈看到朵朵上网，很吃惊。她说：“朵朵才这么大，你让她上网，以后可怎么办？”我也很吃惊，说：“以后还能怎么办啊，让她更好地用电脑呗。”

我告诉东东妈妈，电脑只是人们学习、娱乐的工具之一，网络也只是我们增长见闻的途径之一，没有必要“谈网色变”。对朵朵、东东他们这样的小孩子来说，网络充满了神秘，如果不让他们用，他们一定会想方设法去用，大大方方地教他们正确的用法，才是好办法。东东妈妈听了我的话，若有所思，对我说：“想想也是这个道理，只不过孩子太小，哪里知道什么才是好的上网方法啊？”我说：“这就要靠父母的引导啊，告诉他们‘网络有风险，上网须谨慎’呗。”我们俩都笑了，我知道东东妈妈已经把我说的话记到心头了。

现在的孩子对各方面的知识需求非常大，对新鲜事物充满了好奇感，传统书本上的内容已经无法满足他们的需要，而网络像一座取之不尽、用之不竭的“金山”，为孩子的成长提供了无限广阔的空间，他们可以在互联网上遨游，寻找自己想找的知识。

从父母的角度来看，最重要的，首先应该是充分理解孩子钟爱上网的心情。特别是中国的孩子，大多数是独生子女，回到家后与同龄孩子一起做游戏的机会本来就比较少，加上学习压力大，确实需要有个放松的机会和场所。利用电脑上网浏览或玩游戏自然是最方便、最省钱的好选择。朵朵还算不错的，我每天下班早，回家后都陪着她出去玩一会儿，有的孩子父母工作忙，从幼儿园开始，回到家就只能关在家里，除了电视、电脑就没有别的可以陪她。

任何事物都有两面性，网络也是这样。网络是一把双刃剑，利用得好，它便是一个好帮手，利用不好它便是一个杀手。父母要引导孩子正确地利用网络，这才能让网络成为孩子看世界的新窗口。

比较起来，网络还是利多弊少，只要善用网络，父母和孩子都可以从中受益。“在没有任何指导的情况下，让孩子自由上网，有百害而无一利！”孩子的自控力较差，何况还是朵朵他们这样幼小的孩子，他们非常容易沉溺于网络而不能自拔。父母要引导孩子帮助孩子，第一，要严格控制孩子上网的时机和时间，第二，要让孩子带着任务上网。“别把网络视为洪水猛兽，请和孩子一起上网！”一起上网，一起看世界，这样孩子看到的世界才会更有趣、更广大。

前段时间我登录一款来自欧洲的早教系统，该网站称孩子每天登录该系统20～40分钟，通过游戏形式进行网络早教。网站介绍专为3～7岁儿童设计，以游戏为媒介，依托欧洲幼教理念，选定了在当前全球化E时代环境下儿童发展必备的12项基本能力，通过游戏完成学习。我随机试玩了迷宫游戏，每次结束游戏后，我都能及时看到当天的游戏记录和各项能力的进步情况。这样，父母可以根据自身情况，设定孩子的游戏时间、难易程度。父母建立家长账户，随时查看孩子的游戏、学习状况，并定期审阅报告，了解孩子的学习进展。想一想，让孩子在游戏中，当然是短时间的游戏中学习一些知识，也是可行的。小孩接触电脑和网络是难以避免的，权宜之计是，精选一些学习内容总比让小孩子随意在电脑上玩弄一些东西强。

现在网络早教机开始盛行了，网络早教机的特点是，相比固定内容的早教机具有开放式平台、海量的教育资源。这种结合了早教内容的播放器还不错，里面的儿歌资源和幼儿英语是我比较喜欢的，不过里面的资源似乎有些不稳定。

网络早教学校成为了父母的网上课堂，父母可以和孩子一起在网上早教学校里学习，在网络早教学校的帮助下提高孩子的学习能力、社交能力、大动作、精细动作、语言听力等。早教以及网络早教不是培养“神童”，0～3岁这个阶段，重中之重是培养孩子良好的本性，而不是认字、学英语、算术等技能培训，关键是让孩子在情绪本性、学习本性、社会本性等方面打下良好的基础，让孩子以后在情商、学习、社交等方面都拥有良好的根基。

在信息技术迅速发展的今天，如果我们要把孩子圈养在一个真空的环境里，既是不可能的，也是没必要的，而且还可能因此对孩子造成伤害。我们要教会孩子使用电脑这个工具，就要讲求切入的方法，让孩子从自己感兴趣的方面入手，把网络变成孩子看世界的新窗口。

NO.4

让孩子连接全球智慧

有一天，朵朵对我说谎了，于是我给她讲了匹诺曹长鼻子的故事。“从前有个小木偶名字叫做匹诺曹，有一天匹诺曹中了魔法，他不仅可以像人类一样行动，还有了神奇的生命力。匹诺曹一心想成为一个活生生的男孩，他向善良的蓝仙女许愿他要成为一个诚实、勇敢、不自私自利的人，蓝仙女答应了他的要求，但却有一个附加条件：每当匹诺曹说谎时，他的鼻子便会不断地变长。匹诺曹每说一次谎话他的鼻子就会变长一点，匹诺曹的鼻子后来变得很长，并且麻烦的事情也越来越多！但是最后匹诺曹了解到了诚实的含义，变成一个真正活生生的‘人’。”

朵朵问我：“妈妈，匹诺曹是哪里的人啊？”我告诉她：“匹诺曹是童话故事里的人物，并不是哪一个国家的人。而写这个童话故事的人是意大利的，他是不是很厉害？”朵朵说：“太厉害了。”

随后我又给朵朵讲了一下各个国家对待撒谎孩子的方法，她听了惊喜不已。我告诉她美国人一般很幽默，日本人很严谨，韩国人爱说教，而新加坡人的处理方法是：让他们自己打自己的嘴巴10下。

朵朵说：“妈妈，你好厉害啊，你怎么知道得这么多？”我告诉她：“不是妈妈厉害，而是世界上的人太优秀，他们有好多好多有意思的东西。妈妈爱学习，多看书才知道这些事的。”我还告诉朵朵我们所居住的地球有很多国家，每个国家的人都很聪明，都有自己的智慧，我们应该向他们学习。我问朵朵：“你要多学习也会知道这些，以后妈妈带着你多学习知识，好吗？”朵朵听话地点点头。

世界上每一个国家都有自己的长处，每一个国家的人民都有无穷的智慧，中国父母在教育自己孩子的时候，不仅要让孩子领略中国的智慧，更要让孩子连接全球各个国家的智慧。

让孩子连接全球智慧，如何连接？现在很多人都认为电脑、网络是最重要的方法、途径。其实不然，书籍自古以来就是人类认识世界、接触智慧的重要途径，并且现在很多人在网络上也只是在看“书”。因此，要让孩子更好地学习世界各国的智慧，培养孩子的阅读习惯、阅读能力就很重要。

孩子的阅读习惯应该从小培养，在孩子很小的时候就要激发孩子的阅读兴趣。有一个从美国归来的妈妈对我说，她在她儿子很小的时候就经常带着他逛图书馆，每个月还为孩子借阅两本好书。现在他儿子6岁了，每天晚上不用大人说，自己就能安静地看一两个小时的书。

孩子的很多习惯都来源于父母，所以父母的言行举止文化素质都影响着孩子，家长爱书、爱读书，孩子在其耳濡目染下必定也会对书产生浓厚的兴趣。另外，这位妈妈还提起她们每年都让孩子为自己最喜欢的作者过生日，从她儿子4岁起，他们家就为J·K·罗琳过生日，因为她儿子喜欢强大的哈利·波特。

父母可通过表演、游戏的形式让孩子接触到一些童话和故事，这样可以提高孩子的阅读兴趣。父母可以先讲故事，然后和孩子一起讨论角色，父母帮助孩子分析形象再表演，在表演的过程中故事中的人物、动作可以让孩子自由发挥，激发他们的想象力。父母多抽出些时间和孩子一起表演，准备一些简单的道具，通过这种游戏，相信孩子的阅读兴趣一定会大大提高。

表演的童话和故事既可以是中国的也可以是外国的，我们和朵朵在一起最爱表演的就是《白雪公主》，朵朵当然是白雪公主，而我这个妈妈在表演中一会儿是亲妈一会儿是后妈一会是可恶的老巫婆。因为常常表演，朵朵对故事里的人物都很熟悉，现在她看到任何一本关于白雪公主的书都能认认真真地看上一会儿。

那位海归妈妈还讲了一件事，在她们家每年都会以各种各样的理由送给孩子很多书，孩子的生日送书、新年送书、圣诞节送书，当然她们也会送给孩子一些玩具、衣服之类的。现在她孩子的房间里有很多书，就算回中国，孩子也坚持要把自己的书运回来。虽然花了一些运费，但是她说：“值啊，书在国内也买得到，并不是很重要，但是孩子的阅读、孩子的知识很重要。”现在生活水平好了，父母在送给孩子礼物的时候，就不要送一些玩具礼物之类的物品，一本好书既可以让孩子学到知识，又可以培养阅读习惯。

世界各国人民几千年的文化积淀，形成了知识的海洋。孩子要学习各国人民的智慧，那就需要学会阅读。孩子的事从来没有小事，父母抽出点滴的时间陪同孩子一起读书，培养孩子良好的阅读习惯和阅读能力。爱孩子就给孩子遨游知识海洋的本领，让孩子更多更好地吸取全球的智慧。

NO.5

唱一唱世界各国的儿歌

有一天，朵朵回到家对我和朵朵爸爸说：“爸爸妈妈，你们快坐下，我给你们唱首歌。”我们俩听话地端端正正地坐在沙发上，朵朵站在客厅里唱了起来。“有三只熊住在一起，熊爸爸、熊妈妈、熊宝宝，熊爸爸很强壮，熊妈妈很苗条，熊宝宝十分可爱！”朵朵奶声奶气地唱，还配着动作，真的“十分可爱”，逗得我和朵朵爸爸笑得都快岔气了。

我问朵朵：“宝贝，你这是从哪里学来的啊？真好听，妈妈小时候都没有听过。”朵朵骄傲地说：“这是我们老师教我们的，是韩国人唱的。”她还说老师给儿歌配上了动作，让她们一边唱一边跳。她们幼儿园还“引进”外国儿歌，真不错。

朵朵爸爸告诉我，我们小时候唱的“两只老虎，两只老虎，跑得快，跑得快，一只没有耳朵，一只没有尾巴，真奇怪！真奇怪！”也是“引进”的外国儿歌，是由法国的《雅克兄弟》改编的。“儿歌是知识的百宝袋，蕴藏着人类语言的珍珠。”我们要让孩子认识世界、探索世界，学唱各国的儿歌、童谣是一种重要的方法。

儿童语句精练，结构简短，韵律优美，节奏分明，易懂易记，读起来琅琅上口，深为孩子们所喜爱。让孩子多听、多读、多背儿歌，有利于孩子学习语言，提高孩子对儿童文学的兴趣。学习世界各国的儿歌，可以让孩子在玩耍之中了解世界上其他的国家，拉近孩子与其他国家的距离。

孩子唱儿歌，是培养孩子情感的需要。优美的旋律、和谐的节奏、真挚的情感，孩子在唱儿歌的时候可以给他以美的享受和情感熏陶。孩子唱儿歌既可以联络与周围人的感情，也可以使他们的情感得到抒发，从而调节他们的情绪，使其得到愉悦。并且能让孩子从中体验、模仿成人的劳作和生活，验证自己的经验和记忆。

孩子唱儿歌能帮助孩子启迪心智，认识世界。儿歌中有大量的作品，都是以某方面的知识作题材，可以形象、生动地帮助儿童认识自然界，认识社会生活，开发他们的智力，启迪引发他们的思维和想象能力。因此，从一定意义上说，儿歌是引导儿童认识世界、认识自己、步入人生的第一个启蒙工具。比如，“小白兔，三瓣嘴，蹦蹦跳跳四条腿儿。”《小白兔》这首儿歌告诉孩子小白兔的外貌特征是什么，便于幼儿区分小动物。

儿歌语言浅显、明快、通俗易懂、口语化，有节奏感，便于孩子吟诵。孩子多唱儿歌，能帮助孩子矫正发音、正确把握概念、初步认识事物，并能培养他们语言的连贯力和表达力，训练和发展思维，培养和提高他们运用语言的能力。“十四是十四，四十是四十，不要把十四说成四十，也不要把四十说成十四。”《十四和四十》就是典型的矫正发音的。

儿歌还可以帮助孩子认识到自己的错误，尽快改正自己的错误，提高生活自理能力。有的时候，长篇大论的说教也许不起作用，而生动有趣又具有教育意义的儿歌或者童谣却让小孩子很乐于接受。父母可以在恰当的时候巧妙利用童谣对孩子进行提醒、启发及教育。

我们家5楼有个小男孩名叫东东，他不分左右，经常把鞋子穿反，他妈妈说了很多次都不管用。那天，东东在楼下玩，我看他的鞋又穿反了，他妈妈要帮他把鞋穿好，我阻止了她，并对东东说：“两个好朋友，从来不分手，要来一起来，要走一起走。要是穿对了，它们头碰头；要是穿错了，它们把头扭。”东东诧异地盯着我，说：“阿姨，你说的是什么？”我说：“你看看你的鞋就知道了。”他看到自己的鞋正“扭着头”呢，说：“哦，我把鞋穿反了。”东东妈妈一边帮他穿鞋一边说：“左边的鞋子要穿在左脚上，右边的鞋子要穿在右脚上。如果穿对了，它们就头碰头亲亲热热在一起，如果穿错了，两个好朋友就会生气地把头扭向一边。”东东妈妈说从那以后东东基本没有穿错过鞋，因为一穿错，妈妈就会给他唱《两个好朋友》的儿歌。

现在很多父母认为很多经典的儿歌太老了，几乎都是《小燕子》、《小螺号》、《葫芦娃》、《采蘑菇的小姑娘》、《春天在哪里》等老歌，新的儿歌童谣很少。而且很多外国的经典的儿歌翻译之后就走样了，“翻译过于直白，完全没了儿歌的美感，再唱出来，感觉总有些怪怪的”。这时，就需要父母利用自己的智慧，结合自己孩子的特点，找出适合自己孩子的儿歌。不论中国的也好，其他国家的也好，相信一些老的经典的儿歌孩子会喜欢的，因为这些儿歌经过时间的考验肯定是适合孩子们的。

让孩子唱儿歌，给孩子唱儿歌，父母一定要记住，中国的儿歌很好，其他国家的经典儿歌也很好。父母要结合孩子的特点、爱好，让孩子唱适合自己的儿歌。

NO.6

让孩子认一认世界各国国旗

朵朵回家跟我说她们幼儿园要组织一个认国旗比赛，让我和爸爸帮助她。朵朵爸爸赶紧买了一盒国旗卡片回来，我们一起认国旗。我以前认为认识各国国旗没什么难的，真正帮朵朵这个5岁的孩子的时候我才发现自己错了，因为世界上的国家太多了，而且有的国旗也太难了。我先让朵朵说出和我国相邻国家的名字，再出示这个国家的国旗。我每出示一个国家的国旗，先让朵朵观察它的形状、颜色，也就是图案的特点，图案的特点找到了，再请朵朵说一说。几天下来，我和朵朵认识了不少国家的国旗。

正式比赛那天，我陪着朵朵一起去了。老师第一个拿出来的是中国国旗，小朋友们大声喊道："这是我们国家的国旗，中国国旗。"老师说："我们国家的国旗有什么特点啊？"小朋友们又大声地说："五星红旗。"老师又拿出加拿大的国旗，朵朵马上站起来说："老师，这是加拿大的国旗，它上面有一片树叶子。"老师又拿出日本国旗，霄霄马上举手说："老师，这是日本国旗，日本国旗上有个红色的圆形像太阳，太阳又叫日。"后来老师又拿出了很多个国旗，小朋友们都争先恐后地回答着，大家还比着说自己的记忆方法，就这样本来以为很枯燥、很难记忆的一次认国旗比赛，在轻松、愉快的氛围下结束了。

让孩子认国旗，让孩子多认识一些世界上其他国家的国旗，首先就要认识我们国家的国旗——五星红旗。通过认识国旗，让"祖国"住在孩子的心里。要让孩子知道，什么是我的国家？什么代表我的国家？让孩子自然而然地接触到国家，不仅仅停留在国家的山水、国家的风情、国家的人民。

作为父母如何培养孩子的爱国主义精神？尤其是如何培养幼小孩子的爱国主义精神？孩子的爱国主义思想感情，不是一朝一夕就能培养起来的，必须由浅入深，结合具体事物对他们进行教育引导。父母要在日常生活中注意点点滴滴的生活小事，培养孩子的爱国主义精神。

很多父母爱给孩子讲故事，有些妈妈对我说她从孩子两三岁开始就一直坚持每天晚上给孩子讲故事，她们所讲的故事很多都是培养孩子良好品德和习惯的，可是她们给孩子讲过爱国的故事吗？新航天人的英雄故事不够感动吗？国旗、国徽、国歌来历的故事不够动人？其实只要父母讲出来，孩子还是爱听的。父母要抓住孩子爱听故事这种心理，选择一些具有爱国主义思想的故事讲给他听。

父母可以带孩子到革命纪念馆、博物馆去看一看，这些场所是对孩子进行爱国主义教育的好课堂，让孩子从中感受到更多的爱国精神。父母也可以耐心地给孩子讲讲五星红旗，有机会可以带着孩子去看升国旗。面对徐徐升起的国旗，孩子就会想到平时父母、长辈所说的“五星红旗是无数烈士抛头颅、洒热血换来的”，增添孩子对国家的责任感。父母对孩子进行爱国主义教育不能拘于形式，而要渗透到每天的行动中去。

父母对孩子进行爱国主义教育是应该的，必要的，但是现在是个开放的世界、团结的世界，孩子不仅能认识中国的国旗，还要认识世界上很多国家的国旗，让孩子走进世界大团结。如果在孩子眼睛里只有中国没有世界，那么这个孩子就如同井底之蛙，眼界不宽、作为不大。让孩子多认识其他国家的国旗，让他知道世界的五彩缤纷，他才会更勇敢地去学习、去开拓。

奥运会的时候看着运动员一队一队地入场，我和朵朵就一个一个地“读”国旗。朵朵最喜欢看颁奖，看到不同的国旗升起来，朵朵都很兴奋，她说：“每个国旗都很美丽！”很高兴在朵朵的眼里不仅有中国还有世界上其他的国家，只有这样她以后才能坦然地走向世界，迎接来自世界的竞争。

NO.7

让孩子认识各国名人

前天朵朵又去学钢琴了，那天我正好有事，就让朵朵爸爸陪着她去的。回来后朵朵跟我说："妈妈，你知道贝多芬吗？"我说："知道啊，是德国伟大的音乐家，怎么了？""我们老师说他竟然听不见，听不见怎么会是音乐家？"朵朵满脸诧异地问我。我告诉朵朵："妈妈也不知道贝多芬怎么那么厉害，以后我们看一看关于贝多芬的书吧。"朵朵点了点头，说："好的，我再问问我们老师。"

贝多芬不是朵朵认识的第一个世界名人，我以前给她讲关于诚实的故事就讲到了华盛顿，朵朵听到华盛顿承认是自己砍倒樱桃树的时候，对我说："妈妈，华盛顿是个诚实的人。"我说："是啊，因为华盛顿承认了自己的错误，他爸爸也知道他不是故意的，所以就原谅了他。"后来我又告诉朵朵，华盛顿经历了很多困难，最后成为美国的第一个总统，朵朵对我说："妈妈，我也要做一个诚实的人。"

让孩子认识世界各国的名人，面对那些了不起的人物，孩子会好奇地想：他小时候什么样？有着怎样的成长经历？他是如何走上这条道路的？怀着各种各样的疑问，孩子就能通过名人去认识世界。

让孩子认识世界名人、学习世界名人，孩子主要是学什么呢？首先要学习名人所具有的百折不挠的进取精神。没有一个名人的成长经历是一帆风顺的，他们都经过了重重磨难才成为名人的。许多名人在成名之前都是很普通的人，他们通常会遇到比普通人更多的更难以想象的磨难和障碍。但是他们之所以为名人是因为他们不屈服于命运，敢于面对挑战和考验，顽强地从重重困难中勇敢地站起来。大发明家爱迪生从小就卖报，可是他没有屈服，坚持发明创造，成为伟大的发明家。华盛顿经过多年战争，几次与死神擦肩而过，最终才成为美国总统。

其次，孩子还要从名人身上学习恪守个性的独立，既不屈从于强权，也不盲目地随大流。很多名人是智力超群的，但是他们成为名人不仅仅靠的是自己的智力，更多的是靠他们的坚持自己独立的个性。林肯小的时候家里很穷，没有钱读书，就是靠他坚持不懈的努力，才由一名普通人成长为律师，后来又成为美国总统。达·芬奇也是坚持自己的风格、自己的特色，才终于成为画界大师。

孩子还可以从名人身上学到关怀人、爱护人的博爱精神。物质的东西是学不来的，但是精神是可以学习和借鉴的。托尔斯泰说："人类被赋予了一种工作，那就是精神的成长。"从他的作品中以及他的为人中，就能学到他所说的"精神的成长"。"比海更宏伟的是天，比天更宏伟的是良心。"让孩子们都谨记雨果这句名言吧，让孩子们都成为心胸宽大的人。

"典范比教育更快，更能强烈地铭刻在孩子心里。"有志向的孩子会在榜样中寻找自己将来的影子，并能从他们身上汲取到自己所需要的精神或是能量。在名人的故事中，父母可以用生动形象的人物细节或是事迹告诉孩子，使孩子的心灵受到感动，思想获得升华，从而在以后的学习生活中用名人的事例来激励自己。

有一天，朵朵回来告诉我，贝多芬并不是一开始耳朵就听不见，他耳朵听不见以前已经写了很多音乐作品了，后来他就是靠着自己的感觉去写的。朵朵说："妈妈，贝多芬太厉害了，只靠感觉都那么厉害。"她一边说一边晃脑袋，小大人的样子逗得我们忍俊不禁。

父母常给孩子讲名人故事，不但能够给孩子充足的关爱，培养孩子的情商，而且在不知不觉中将榜样的形象根植于孩子的心中，为他们的未来成长发挥指向标的作用。孩子认识世界名人、学习世界名人，这些名人伟人的人生就像一面明镜，让孩子们感受他们人格的伟大，从他们身上获得更大的启示。

NO.8

走出去认识世界

暑假的时候表姐要带林林去成都玩，朵朵也要去，我就请假带着她一起去了。大家看了中国死海、世界乐园、都江堰等地，见识了不少新鲜的东西。林林对我们说："来死海之前，我就听说死海里浮力很大，人在水里不会沉下去，在里面游泳不会被淹死。当蔚蓝色的海水出现在我眼前时，我迫不及待地想跳下去感受一下。……跳进海水里，凉悠悠的，感觉有一股力在把我托起，沉不下去，我在里面放心地游来游去，真的太爽了！最为惊险和刺激的是冲浪，就像从高高的山巅上一下子落下来，每次总是有惊无险。"朵朵没有林林那么会表达，但还是和小哥哥一起玩得很开心。

回来以后，朵朵转着她的大地球仪对我说："妈妈，明年我们去美国玩吧？"我说："你怎么想起来去美国？""林林哥哥说美国的过山车很刺激，很好玩。"朵朵指着"美国"说。我叹了一口气说："宝贝，美国太远了，我们没有那么多的时间去。"朵朵又指着台湾说："那你带我去台湾吧，林林哥哥去年就去过了，他说可美了。"我还是叹气，因为我实在没有那么长的时间带她去那么远的地方玩。朵朵见我叹气，于是低声说："妈妈，我知道了，我们还是在近一点的地方玩吧。"

"读万卷书，不如行万里路。"随着生活水平的提高，人们在满足一定物质需求的基础上，开始追求更高的精神生活，外出旅游的人也越来越多。虽然我们没有带朵朵去美国、台湾这样更远的地方，但是国内有一些地方我们带着朵朵去过。我们的目的和每一个父母的目的是一样的，那就是带孩子出去旅游，见识外面的世界，开阔视野。

旅行是一种了解世界的方法，更是一种生活态度，这也是我们能够“传”给孩子的一种积极的生活态度。我自己感觉外出旅行的好处太多了，而对于小孩子，旅行对他们的益处更是非一般的。

让孩子走进大自然，尽享天然氧吧，呼吸清新的空气。现在生活在城市里的人们，每天所呼吸的空气已经越来越污浊了，带着孩子走进大自然，换一个空间去呼吸清新的空气。别说远一点的地方了，就是离我们很近的小公园朵朵都特别爱去，她说：“那里空气很好，有小鸟叫。”

对于孩子来讲，新奇的东西永远都是他们兴趣的所在，自然界的一草一木对孩子来说都是新奇的，能勾起他的无限乐趣。所以多带孩子出去走一走，多少能增长见识，对孩子的成长一定是有益的。相信没有那次中国死海之旅，林林绝对说不出那样精彩的话。

外出旅游会遇到一些问题，有些问题是我们想象不到的，而唯一的解决办法就是努力克服。这样一来无形之中锻炼了我们每一个人的意志，包括与大人同去的小孩子的意志。外出必然要走不少的路，这对孩子和大人的身体和意志都是一种锻炼，这是平时的生活中所不能体验得到的。我记得上次我们去泰山，爬到一会儿朵朵就说累，在我们的鼓励下她也加油爬，最后她也爬到了山顶，周围的人都说4岁多的孩子就爬到这么高，很厉害，都为她鼓掌。朵朵特别高兴，用她的话说：“比得了金牌还高兴！”

经常行走在山水之间、乡野之间，比较容易激发起孩子对祖国大好河山的热爱，尤其是神秘的大自然更容易激起孩子对自然的热爱，以及探索大自然奥秘的兴趣。当孩子爱上了这一切，他就会进而激发起生活的热情，更热爱生活。林林每个寒暑假都出去玩，转了很多地方，现在他经常说：“生活多有意思啊，到处都有看不完的风景。”

对于小小的孩子来说，外出旅行更容易找到玩伴。外出旅行时旅途中会遇到一些玩伴，目的地一般都会有玩伴。一群来自不同地方的孩子们在一起玩耍对孩子的心理健康非常有益。朵朵通过上次成都之行，认识了好多小朋友，现在还时不时地让我跟她们联系呢。

不过，要是选择去国外旅行那么就要做一些准备工作了。首先，要根据所到国家的传染性疾病流行情况，提前接种好相应的疫苗。一般来说，疫苗接种后都需要1个月以上才能产生足够的抗体而发挥防病作用，因此，起码要提前1

个月做好相应的准备。

去国外旅行根据所到目的地的时间，在出发前2～3天就开始调整孩子的作息时间，以适应时差的变化。到达目的地后，鼓励孩子白天多在户外活动、多晒太阳，尽量让孩子按照当地时间休息，尽快帮助孩子克服时差。否则，作息时间混乱，会影响孩子的休息，身体的免疫力也会下降。

去国外旅行一般都需要经过长途飞行，为了减轻长途飞行带给孩子的不适和劳累，可以在飞机起降时让孩子吸吮奶嘴或咀嚼糖果，以减少耳鸣、耳痛，飞行途中，可以带着孩子在机舱内经常走动，活动一下身体。

我们一家上次去北京的时候专门去了一趟世界公园，在那里朵朵见到了澳大利亚歌剧院、法国埃菲尔铁塔、埃及金字塔、莫斯科红场等等。朵朵爸爸说：“我们今天可是转了微型的世界了啊，以后爸爸妈妈就等着朵朵大了带着我们转真正的大大的全世界。”朵朵一抬头，一本正经地说：“好的，我保证完成任务。”逗得我俩哈哈大笑。

让孩子出去走走，多认识一下世界会有很多好处，可以增长孩子的见识，培养孩子的独立生活能力，陶冶孩子热爱祖国、热爱大自然的情操。有条件的父母应该多给孩子提供这样一些机会，让孩子走出去闯一闯，看一看，认识这个多彩的世界。

NO.9

动物园里认识世界

朵朵很小的时候就有一盒动物卡片，她从上面认识了很多动物，比如狮子、老虎、斑马、大象。有一天去菜市场，看到有一个摊主养了几只兔子，她高兴地大喊："妈妈，我认识它，它叫兔子。"我笑着说："小声点，你都吓着兔子了。"我在那里买菜，朵朵就蹲着逗兔子玩，还把我买的白菜喂了两片菜叶给兔子。

到周末我和朵朵爸爸带着朵朵去动物园，朵朵爸爸说："朵朵，我们要带你去看世界上各个地方的动物，不只是兔子。"朵朵开心地大喊："去动物园啰！看世界各地的动物啰！"动物园里有老虎、狮子、大象、长颈鹿、斑马、猩猩、猴子等。朵朵惊喜地一路看一路叫，每到一个动物面前，她都大声地说："我认识你。"还没走到斑马的家，朵朵就一眼认出了那几匹温顺美丽的斑马。朵朵说："斑马最漂亮了，身上有马路上的线。"我们笑着说："马路上的线就叫斑马线，先有斑马后来才有斑马线。"

朵朵爸爸一边走一边给朵朵讲解，哪种动物的原产地是哪里，它们都有什么习性，都爱吃什么。朵朵的问题特别多，但是朵朵爸爸基本上都能"对答如流"。想一想前一天晚上朵朵爸爸研究动物资料半夜才睡，不禁感叹"爱女心切"。从动物园回到家，朵朵爸爸说："朵朵，我们今天看了世界上的很多种动物，你说说都有哪些地方的？"朵朵转着地球仪说出印度、美国、澳大利亚等好几个国家的名字，最后实在说不出来，就说："我知道还有中国的，而且是最多的。"

一次动物园之行，不仅让朵朵看到了来自世界各地的动物，还让朵朵记住了那些国家的名字，朵朵爸爸的辛苦是值得的。几乎每一个小孩子都喜欢动物，父母应该多带孩子走进大自然，认识更多的动物。父母讲述小动物的可爱、动物对人的益处、动物与人之间的感情，来引导孩子友善地对待它们，激发孩子对小动物的爱和同情心。

可是有的孩子不仅不爱小动物，还虐待小动物，对少数虐待动物成“癖”的孩子，可以给予批评教育，使他们明确认识到自己的错误。父母要奖惩分明，通过奖励来强化惩罚的后果，从而使惩罚的效果得以巩固。在使用惩罚时，要首先使孩子明白为什么受惩罚、该怎么做、不该怎么做。要让孩子从内心里热爱动物，热爱这个世界。

有的父母认为自己哪里有那么多的时间带孩子出去，现在要看动物有很多途径，电视里有《动物世界》，书有各种各样的动物常识识本，还有很多动物卡片，另外网络里想看什么动物都可以找到。这样一来，孩子确实可以认识好多种动物，可是孩子觉得开心吗？不一定，父母对孩子多些关心和爱护，不仅在物质上，更重要的是在精神上，只有沐浴在友爱的阳光里，孩子才能身心健康地成长。孩子需要的是父母的关心与爱护，大家一起认识动物，孩子从父母那里得到更多的关于动物的知识，他才会更开心。

父母如果没有时间带孩子出去，有条件的话可以让孩子养一些小动物，比如兔子、小狗、小猫，当然，老虎、狮子之类的动物是不能养的。“现在的孩子拥有的东西太多了，让他们学会去关心自身以外的东西是很有益处的。”饲养动物可以丰富孩子的生活内容，培养孩子的责任心，更有助于孩子性格的多方面发展。

孩子喜欢与小动物相伴是特有的天性，他们会把动物当作亲密的朋友，甚至是自己的兄弟姐妹一样看待。同小动物一起嬉戏，向它倾诉心声，并获得安慰，摆脱孤独，可以使孩子在自己独有的世界里获得安全感。不论孩子受到了什么样的挫折，动物都会给他们无条件的关注，无形之中帮助他们抚平伤口并恢复自信。

有小动物相伴的孩子，在日常生活中可以学到更多的自然科学知识。动物可以教会孩子生命科学最基本的知识，它们将一些自然常识潜移默化地渗透给孩子，无意之中让孩子受到生动的教育，比如生命是如何诞生、成长、繁衍等生物学方面的知识，再比如小动物各种行为、表情的意义等动物行为学方面的知识，动物真可谓全科幼教。通过和小动物的玩耍嬉戏、对小动物的喂养、训练和护理，孩子能逐渐了解生命的辛苦与美丽，并能意识到生命的可贵，使孩子从小就养成保护动物，热爱自然的好习惯。

只要观察孩子在同动物玩耍时，脸上流露出的发自内心的兴奋神情，父母就知道小动物在孩子们的生活中起着多么重要的作用了。一个性格内向的孩子通过饲养动物，可以逐步增强与人交往的信心。有小动物相伴的孩子更容易结识新朋友。动物为孩子和其他家庭成员创造了更多的交流机会，父母可以帮助孩子照顾小动物，并与孩子共同分享小动物带来的生活乐趣，这种交流是完全没有年龄差距的。如此一来，小动物就成为家庭成员之间的“亲善大使”。

动物在孩子的成长过程中，给孩子带来欢乐、启迪和帮助，将使他们拥有多彩的童年，并有助于完善孩子的性格，培养孩子对家庭、社会和自然的热爱。让孩子多逛一逛动物园，多和动物亲密接触，这样在孩子的眼睛里世界才会更精彩、更亲近。

NO.10

创造机会结识外国朋友

朵朵前天回来跟我说："妈妈，我背心、裤衩盖着的地方不许别人摸，你是我的妈妈，你可以摸吗？"我想她是怎么知道这个事的，于是对她说："我是你的妈妈，你现在还小，很多事需要妈妈的帮助，所以现在我可以摸，但是你长大了，上小学以后妈妈也不能摸了。"朵朵说："为什么啊？"我告诉她这是为了保护她、尊重她，因为身体是她的，别人是不能动的。

我问她："朵朵，你怎么知道这个事的啊？"朵朵说："航航说他在香港的时候，老师就是这样教他的。"朵朵又说："航航还说我们不能喝陌生人的饮料，不能吃陌生人的糖果。妈妈，他说得对吗？"我笑着说："他说得太对了，航航真是个好孩子。"

香港被英国统治多年，政治、文化都英国化，航航所说的道理都是《英国十大儿童宣言》里的。看来孩子接触不同地域、不同文化的孩子可以增长自己的见闻，真的很不错，希望朵朵以后多结识、多接触一些外国朋友。

上次和几个年轻的妈妈在一起聊天，其中就有航航的妈妈，说到别的国家如何对待孩子结识朋友，我们不禁反思。

美国人说："孩子对于我们来说是希望，我们希望能够把他们培养成为国际化的人。基于我们是一个移民国家，所以希望孩子们能够融入整个社会。"美国人鼓励和支持孩子多结交朋友，让孩子自己去尝试和陌生人打交道。

欧洲人说："孩子，我们就是希望他们能够去感受生活，快乐地生活。平稳安逸，这个最重要。我们会用爱去和孩子交流，让他们去欣赏。"欧洲人不会给孩子太多的压力，让孩子明白就好，更重要的是教会孩子如何生活。欧洲人教给孩子与他人结交的基本原则，然后让孩子自己快乐地结识新朋友。

非洲人说："我们现在的目标是生存，是让每个人都健康成长。所以，我们的目标是让每个孩子都知道如何生存和教育的意义。我们希望孩子健康，能够健康地活着，然后再不断进步。"非洲人的出发点首先是生存，然后才是进步，可是不论如何都需要朋友，非洲人还是支持孩子结交朋友的。

中国呢，我们到底希望培养什么样的孩子？很多父母都认为孩子的主要任务是学习，从幼儿园开始，我们就把数学和英语作为每一个人的必学绝招。可是孩子长大以后才发现我们的很多孩子很会学习，但是很不会生活，成了"高分低能儿"。

航航的妈妈说："出国后我才发现外面的世界是多么的不一样，在不同领域有突出贡献的人都被称作'天才'！有社交方面的天才，有表达能力的天才，有动手能力的天才……走出了只有数理化的小天地，世界原来是那么丰富！"为了不让孩子再走我们的老路，我们要鼓励孩子走出学习的圈子，多结交朋友、多培养生活能力，这样才能适应以后更为激烈的社会竞争。

父母可以带孩子去有外语角的地方，让孩子向外语流利的大朋友学习，鼓励孩子用简单的外语和外国朋友直接交流。其实孩子之间的交流有的时候是不需要语言的，只要有相同的爱好、兴趣，孩子们的语言不多，他们甚至能"比划"着让对方明白自己的意思。

积极关注政府举办的"青少年海外交流活动"，为孩子争取参观访问其他国家的机会。当然，针对大一点的孩子这个活动更有意义，孩子太小，生活自理能力不足，反而是个麻烦。但是父母和孩子都应该对这个活动进行必要的了解，因为孩子总有一天会长大，总有一天需要加入这个活动。而且父母可以利用这样的机会，让孩子结识一些朋友，大家一起学习语言，一起快乐成长。

不要以为孩子小不能适应"出国生活"，据有关方面介绍，国外来中国参观的"幼儿团"平均年龄仅4.8岁。中国的父母总觉得孩子太小，不方便带出去，有条件的父母可以带孩子到国外去看一看、走一走。多接触一些国外的事物，结识一些与自己不同肤色、不同语言、不同文化的朋友，对孩子来说人生就更丰富了。

孩子在与他人交往的过程，其实就是一个发现自己、认识世界的过程，我们不能回避竞争的激烈，我们所要做的是想一想哪些是可以帮助孩子在竞争中胜出的关键！父母要创造机会让孩子多结识一些外国朋友，这样可以培养孩子更多的竞争力。

NO.11

和孩子一起过圣诞节

去年，朵朵、朵朵爸爸和我一起过了一个快乐的圣诞节。朵朵回家对我们说她想过圣诞节，想知道圣诞老人会送她什么礼物。于是圣诞节的前两天我就开始行动了，买了一棵会发光的圣诞树，在圣诞树上装饰了很多小礼物，还给朵朵买了几件礼物用包装纸包好藏起来。最重要的是给朵朵买了一双长长的袜子，好让她平安夜的时候放在床头。

平安夜朵朵很早就睡下了，睡前朵朵说："我要早点睡，半夜醒来看一看圣诞老人长什么样。"然后她又紧张地问我："妈妈，圣诞老人真的是从烟囱里爬下来给小朋友送礼物吗？"我说："当然，因为朵朵是个聪明可爱的好孩子，圣诞老人会送给你礼物的。"晚上，我和朵朵爸爸趁着朵朵睡着了，把小礼物放进了朵朵床头的袜子里。

第二天一早，我们家响着悦耳的圣诞歌曲"叮叮当，叮叮当，铃儿响叮当……"朵朵高兴地喊道："爸爸妈妈，我收到圣诞老人送我的礼物了，真是太棒了。"那天我们都要上班上学，送朵朵到幼儿园的时候发现幼儿园已经到处是过圣诞节的样子了，老师和孩子见面都问圣诞节好。晚上，朵朵回来对我们说："爸爸妈妈，我今天太高兴了，我们班每个小朋友都收到很多圣诞礼物。"看到朵朵高兴的样子，我和朵朵爸爸也很开心。

以前我总是不能接受舶来物，基本上不过洋节，但是现在发现，这种保守的观念是不对的。我们完全可以发扬拿来主义，洋为中用也是一件好事！文化的交流和思想的碰撞大多都可以通过过洋节来实现。圣诞节是西方人最为重要的一个节日，要让孩子接受和理解西方文化，我们不妨过一过这个洋节。

对孩子来说洋节、传统节日没有什么区别，他们只要在节日里开心、快乐就行。孩子们过一过西方的节日，能让他们在轻松愉快的氛围里相互交流，同时了解西方文化。我们没有过万圣节的说法，可是万圣节是西方的重要节日。万圣节那天街上有卖南瓜灯的，我陪着朵朵准备去买一个。遇到一个小男孩也在那里买南瓜灯，他说他去年随父母在美国学习生活了一年。他对刚到美国时过的第一个洋节“万圣节”印象深刻。“那天正好是个周末，我和邻居家的一大群孩子一起挨家挨户地敲门要糖吃，我还打扮成一个骷髅，玩得很开心。”小男孩觉得“万圣节”是美国孩子最快乐的一天，也是他最喜欢的洋节日。“因为这一天，氛围很轻松，有很多互动活动。”

我问他：“那你喜不喜欢中国的传统节日啊？”他不假思索地说：“我特别喜欢过春节、中秋节，因为可以放鞭炮、吃饺子、吃月饼。”后来他又补充说：“不过我们的节日里，没什么机会和小朋友一起玩啊。”看来孩子更喜欢过洋节，因为在这些节日里孩子们可以一起玩，一起互动。从这个小男孩身上可以看到，“万圣节”留给他的印象不仅是好玩，还有美国人对待节日的态度，在玩耍之中小男孩学到了美国人对待事物要求氛围轻松，人与人之间要互动。

让孩子过一过洋节，展现了中华文化的兼容并蓄，让孩子从小就在多种文化交替的环境中成长，更能开阔眼界和胸怀。为什么现在的孩子知道洋节？要求过洋节？这与商家的宣传炒作是有关的。“现在的洋节日，商家炒作占很大的比例，而年轻人又喜欢追风。”小孩子喜欢热闹，看着人家过洋节很新鲜，就嚷嚷着也要过，不过因为过洋节和中国的传统节日并不冲突，父母一般都会顺着孩子，让孩子也一起过洋节。

“对于外来节日和文化，我们不应盲目崇信，也没必要出口就是‘抵制’。”很多专家都这样说，专家们认为：节日本身就是一个很好的沟通渠道，一味呼吁抵制洋节，这不仅凸显我们缺乏自信、“底气”不足，也不利于和西方国家的交流。“不是每个中国人都可以到西方国家‘实地考察’，但至少我们可以通过这些节日来对西方国家有更多更深入的了解和认识。”对孩子来说，不用出国，不用劳累，就能过外国小朋友的节日，何乐而不为呢？

“对待洋节日不能只肤浅地理解为图个热闹。”想一想，孩子们过圣诞节、万圣节，他们不就是图个热闹吗？其实父母应该引导孩子去了解节日背后的故事，让孩子知道什么是“圣诞节”，为什么要过这个节日。我们要大力吸收外来先进文化，尤其是先进外来文化的精华部分，同时必须坚决摒弃外来文化中那些喧嚣、肤浅的消极成分。对于万圣节里过于恐怖、过于消极的东西，还是让孩子们离它远一点。

孩子想过外国小朋友过的节日，只要是有益的，父母不妨抽出时间来陪孩子过。节日不论是中国的、外国的，它的起源总是有目的的，让孩子在热闹中了解外国、了解世界，父母为什么不和小朋友一起过呢？不过，父母要告诉孩子，传统节日那是我们自己的，是文化的一部分，不能忘。

第二篇

让孩子做个“中西合璧”的小天才

世界上有天才吗？肯定有，爱因斯坦是科学天才，叶诗文是游泳天才，3岁的孩子会背唐诗，他奶奶高兴地说：“你可真是个小天才。”

天才背后是什么？是不断地学习、反复地练习，不为人知的艰辛才造就了“天才”。每一个父母都希望自己的孩子成为“天才”，学贯中西。但是这些是天上掉下来的吗？就算天上会掉下来这样的馅饼，那也需要父母和孩子一起跑步去接住。

0～6岁，是激发学习兴趣的最佳时期，父母切莫操之过急，因为就算你再想孩子好好学习，再想孩子成为人造天才，你也要慢慢来，毕竟孩子太小，接受能力还弱。一步一步慢慢来，激发起孩子的兴趣，才是现阶段最重要的。

NO.1

学习外语从零岁开始

表妹丽丽在国外上学、工作，前后加起来有十年，因为她男朋友要回国工作，丽丽也跟着回国了。回国后，丽丽结婚生子一切都很顺利。前不久，我带着朵朵去看丽丽。她的儿子只有3个月，我们到她家的时候小家伙正在小床上睡得香着呢。

我看到丽丽床前放了一些英语书，都是一些很初级的教材，很明显不是丽丽那样的专业人才所用的。我问丽丽："你现在要去教英语吗？孩子和工作不够你忙的吗？"丽丽笑着说："我哪里是要去工作啊，这是给小宝贝学习用的。"我很惊讶，孩子才3个月大就要学习英语？丽丽说尽早开始学习对孩子有好处，在国外很多父母都主张学习语言从零岁开始，英语也只是一种语言啊，也应该从零岁开始学习。

我们在说话，小宝贝醒了，好在他不哭也不闹，朵朵在一旁逗着他玩。朵朵对着他轻声地喊："弟弟，弟弟，你真漂亮。"小家伙在床上两只眼睛一动不动地盯着朵朵，仿佛能听明白这个姐姐说的话。丽丽和她儿子让我陷入了沉思，当年朵朵小的时候我们没有对她进行外语启发，是不是错了？

语言是人类接受知识的工具，没有这个工具，孩子就得不到任何知识。如果孩子不及早掌握语言，其他的教育都谈不上。孩子究竟从什么时候开始训练语言听说能力才好呢？是像丽丽这样从孩子3个月就开始吗？日本当代教育家井深大先生在《从零岁开始的教育》中认为，孩子一生下来就在被动地接受各种各样的信息，如果大人能够有选择地给孩子输入有用的信息，就能有效地刺激大脑神经的发育，这对于开发孩子的智力潜能，有着不可估量的意义。按照井深大先生的主张，对孩子输入有用信息的时间，可以从孩子出生15天开始。

婴儿学习语言的过程是很神秘的，婴儿在出生后就能辨别爸爸和妈妈的声音。有研究表明，10个月左右的婴儿能听到和学会简单的词汇，但是他们只能学会那些引起自己注意的事物的词汇，他们不感兴趣的词汇则在大约18个月才开始学习。因此，父母应借助孩子对语言最为敏锐的时期，早日让孩子学习语言。

从语言智能的发展来说，听、说、读、写是一个根本，它们相互关联，密不可分。父母要想提高孩子学外语的能力，就要从多方面着手。

“一句话讲得人笑，一句话讲得人跳”，这“笑”和“跳”之间讲究一个语言技巧。父母多陪孩子说话，不管是说母语还是说外语，都能培养孩子的表达能力，能让他流畅地表达自己，也能让他流畅地表达对别人的喜爱。相信一个说话能让人笑的人，一定能时时化解身边的矛盾。

孩子获取语言信息，最初就是从父母亲的谈话中得到的。孩子与父母之间需要互动和交流，这样，孩子才能在语言形成过程中取得进步，尤其是在生命最初的几年，在牙牙学语的阶段，互动越多，孩子的语言能力越好，发音会更准确有力。外语是除我们母语之外的语言，要学好它，不能孤立地学习，它需要很多其他的知识来做辅垫。父母可以通过对孩子母语的学习和训练，为孩子学习外语打下良好的基础，让母语和外语同时得到提高。

NO.2

才能不是天生的

送朵朵去学钢琴，到钢琴学校的第一天，朵朵没有受到教育，受到“教育”的人是我。老师对我们这些陪同的家长说：“才能不是天生的，每个孩子只要通过努力学习，都可以成为钢琴家。郎朗也不是生下来就是年轻的钢琴家，他也是经过多年学习、培养才成功的。孩子们学习钢琴是个长期而艰难的过程，请家长们要一直不懈地坚持，不可以认为孩子不是学钢琴的那块料。”

受到老师的教训，我不敢对朵朵是否是学钢琴的“料”妄下定论，只是不论刮风下雨都陪着朵朵一起去学习。朵朵从4岁起开始学弹钢琴，现在已经得到老师的一些认可了，上一次朵朵还代表她们幼儿园参加了市幼儿钢琴比赛。

前几天，看了一本书《铃木镇一教育法》，才知道朵朵老师所说的“才能不是天生的”来自铃木镇一。我又关注了一下铃木镇一的相关著作，知道他所创立的铃木教学法。铃木镇一说：“才能不是天生的。人是可以通过教育方法培养得很出色的，而不是生来就优秀的。” 铃木认为才能是人们在后天通过教育环境所刺激、培养而成的，不是与生俱来的。铃木用极其简练的方法，从记忆力、注意力、运动能力、表现力四个方面展开了能力的开发。他的精华所在就是每个父母在培养孩子的时候都要谨记“才能不是天生的”，要从多方面培养孩子的才能。

可是父母如何才能多方面培养孩子的才能呢？首先就要让孩子多接触社会，培养孩子的社交才能。现在的孩子深居高楼朋友少，接触社会的机会更少，父母应该让孩子常常走出家门，与邻居小朋友，尤其是同龄人多接触，与不相识的人、不同年龄层次的人在一起。“天生的优劣差别，也就是要获得能力效力的优劣。”孩子只有走出去，才能看到更大的天空，也才能知道在父母、长辈眼里的“乖乖”其实还有很多的不足，如此一来才能让孩子在自我比较中成长起来。

其次父母可以和孩子一起玩耍、运动。在国外，父母再忙都会抽出时间来陪孩子，而我们国家的父母有太多的理由把孩子交给长辈、保姆，比如：我今天要开会；我要去挣钱；我今天的事情太多了，等等。孩子很多时候是独自一人在玩耍，运动的时间就更少了。父母可让孩子锻炼身体，培养孩子的运动才能，必要时可以依计划与孩子一起打球、踢毽、跳绳或小跑。

再次，父母要鼓励孩子参与公众场合的活动，让孩子“走”出去，培养孩子的竞争意识、竞争能力。现在有太多的选秀、海选，凡遇比赛、演出、征文等活动，父母应鼓励孩子参与，发挥所长，勇敢上阵，积极拼搏，并力争获奖。当然，这种参与也是有限度的，偶尔参加还可以，如果什么比赛都参加，只怕父母、孩子都吃不消。

最后，父母还要让孩子尽可能劳逸结合，培养轻松学习的能力。中国的父母最为看重的就是孩子的学习，很多父母不停地催着孩子，孩子几乎每天都有这样那样的兴趣班、补习班，现在就算幼儿园都有名目繁多的特长班，朵朵班上有个小朋友才5岁她妈妈就给她报了4个特长班，英语、舞蹈、美术、手工，这个小朋友每个周末都没有休息过。可是这样的效果好吗？孩子每天不停地学、不停地跑，他早就累了，哪里还有时间去记知识。父母更好的做法是让孩子学会劳逸结合，将学习效率提高。

孩子还有很多才能需要父母从多方面进行培养，铃木主张“坚持每天短时间的练习，并不断反复地进行”。不论是哪方面的才能，都需要孩子、父母坚持反复、长久地训练，这样才能“渗透到体内的一种自然习惯”。

生活中我们也发现只要彻底完成了一件事就自然会产生出自信，这种自信如果在孩子幼小的时候就进行培养，对孩子的一生会产生巨大的影响。父母让孩子做好身边的事，培养孩子自信，让孩子更积极主动地挖掘、训练自己多方面的才能。“每个人出生时都像一张白纸”。要使孩子形成好的习惯，有美好的明天，父母要用心在孩子这张“白纸”上写下一些更有用的东西。

NO.3

时时处处都有学习的机会

前段时间和好朋友去逛街，带着朵朵一起去的。朵朵一路上不停地“打扰”我们，一会儿指着商铺的招牌说：“妈妈，我认识那两个字，是‘公主’。”一会儿又指着商标说：“这个字念‘美’。”虽然耽误了很多时间，但是看到她用心地在找自己认识的字，也算是学习，我很欣慰。

我突然想起来前段时间我看过美国经济学大师米尔顿·弗里德曼致儿子的信，信的标题就是《只要你有心，时时处处都有学习的机会》，我们的小朵朵就是在利用点点滴滴的时间在学习啊。

米尔顿·弗里德曼在信的开头就提到，“你也许会认为，利用有限的零碎时间读书，不会有太大的收获，就像微薄的薪水不能积蓄起巨额的财富。可是事实恰恰相反，许多利用空闲时间学习的人，最后的收获是惊人的。”在信中米尔顿·弗里德曼提到爱迪生利用点滴时间近乎贪婪地读书学习，才成就了爱迪生的发明事业。米尔顿·弗里德曼还提到瑟洛·威德年轻的时候很穷，但是“在回家的路上，我捧着这本书边走边看”，最后成为了报业资深人士，甚至他的报纸能影响当地公共政策的制定。

米尔顿·弗里德曼指出，“人的一生都是受教育的时间”，“只要能敞开耳目，那么，在每一天、每一分钟、每一个地方，都可以汲取到知识”。最后他强调，“从无关紧要的事或休闲活动中窃取时间认真学习，读好社会之书，才能创造精彩的人生”。

多么发人深思的一封信啊，仿佛是写给每一个人的。生活是什么？对大人来说生活时时处处都充满了机遇和挑战，可是对孩子来说生活时时处处都有学习的机会。父母应该发掘、利用这些机会，让孩子愉快地成长。

父母在生活中寻找话题，引导孩子学习说话。要想让孩子轻松自由地表达自己内心的需求，就必须创造“轻松无压力”的语言环境，这是与孩子平等对话的必要条件，同时也体现了对孩子人格的尊重。在轻松自由的情境中，有助于调动孩子语言表达的积极性和主动性。因此，父母可以抓住一切机遇，随机、随意地在生活中寻找话题，通过问答和对话的形式引导孩子练习语言表达。

朵朵上幼儿园，每天早上老师一边给她检查手足口，一边有一搭无一搭地问：“今天和谁一起吃的早饭？”“今天是谁送你上幼儿园的呀？”“在路上看到了什么人？”原来以为是老师无话找话，后来开家长会才知道老师这样做只是用这种非正式的问答形式、亲切的语言跟孩子交流，拓宽孩子语言表达的范围，丰富孩子语言内容，并且在随意的谈话中潜移默化地培养孩子掌握语言逻辑性的技巧。想一想，老师真是煞费苦心了。

平时寻找机会让孩子接触到数学，让他在心里对“数”有一定的概念。数学本来就很枯燥，让小孩子只是在脑子里数数，他永远也对数字不“敏感”。那天和朵朵一起去买菜，我选了3根黄瓜，朵朵也在那里挑，她拿了两根黄瓜，我说：“你把这两根黄瓜放进篮子，我们总共挑了几根黄瓜，你告诉我正确答案，我就买下这些黄瓜。”朵朵把5根黄瓜放在篮子里数了数，告诉我有5根，我们就把这5根都买了下来。一会儿我们又去买韭菜，朵朵对我说：“妈妈，你可不能让我数韭菜啊，我可数不清。”把卖韭菜的大姐逗得哈哈大笑。

孩子的生活能力更是在生活中不断发展的，父母要放手让孩子去做事，做好点点滴滴的小事，孩子的生活能力才能有所提高。中国很多父母都是孩子的仆人，他们常常包办孩子的生活琐事，可是他们还不如仆人，仆人不会说主人懒，父母却常常念叨孩子不够勤快。在国外孩子很早就开始做事，比如穿衣、扫地、整理床，都是孩子们自己来做。

我记得去年朵朵还不会自己穿衣服，每天早上起床，她要么就大声喊我，要么就坐在床上一动也不动。有一天她拿着衣服对我说：“妈妈，我不会穿衣服，请你帮我穿好吗？”那是一件小开衫，我告诉她怎么穿，在我的指导下朵朵自己把衣服穿得整整齐齐的，朵朵爸爸都直夸她，从此以后只要是开衫，朵朵都自己穿。

生活中时时处处都是学习的机会，这里所说的学习并不一定是写字、做作业，而是让孩子学会一些技能，一些关于学习、生活的技能。米尔顿·弗里德曼说得好，“只要能敞开耳目，那么，在每一天、每一分钟、每一个地方，都可以汲取到知识。”

NO.4

给天才插上想象的翅膀

有一天，朵朵问我："妈妈，我是天才吗？"我摸着她的头，说："宝贝，你不是天才，你只是一个普通的孩子。"朵朵有点失落，说："哎，我真想自己是天才。"我笑了笑，对她说："有时候天才和傻子只有一步之遥，你是普通人，妈妈还放心点。"

朵朵爸爸对朵朵说："朵朵，你想象自己是个天才，不论什么事你都可以很轻松地做，这样你就给自己自信了，做什么事情都相对容易一些了。"朵朵歪着头问："爸爸，真的吗？我想象自己是天才就会好一些？"朵朵爸爸说："是啊，其实这个世界上天才并不多，你自己认为自己是天才最重要。"朵朵大声地喊道："我是天才，我是天才，我要发明一个所有人都想不到的东西。"看她自信满满的样子，我和朵朵爸爸高兴地笑了。

有太多的父母希望自己的孩子是天才、神童，什么都比别人强，可是世上真的有天才吗？有，很多科学家都被人称为天才，我们看一看这些"天才"所表现的特质吧。

伽利略的小时候，他父亲曾这样写道："他是一个小天文学家，能够看到妙不可言的幻象，听到人所不闻的声音。"科学家尼古拉·特斯拉在电科学领域里和爱迪生并称"天才"，据说他从小就有一项奇怪的本领，在考虑事情时，眼前瞬间就会出现相关图像。日本童话作家宫泽贤治也常常能够看到一些只有他自己才能看见的图景，例如，"看，绿色的草地上有一位外国夫人，戴着鸵鸟翅膀装饰的帽子"等等，讲的都是一些想象的故事。

这些所谓的"天才"们都拥有一种"直觉图像"能力，"直觉图像"是由德国的爱尔里·希伊恩休教授于1909年命名的。直觉图像是右脑的能力，所以最常出现在0～6岁孩子的右脑中。右脑具有图像化机能，如企划力、创造力、想象力等，这些能力是不是一旦消失就不再出现了呢？不是的。这种能力是每个人天生就有的，所以只要加以训练，还是可以重新出现的。安徒生小时候，母亲就常常给他讲充满神奇幻想的一千零一夜故事，所以他的想象力得到了充分开发。

父母如何培养孩子的想象力呢？孩子的想象力是否丰富，与父母多少有些关系，父母太过古板，对孩子要求过于严格，孩子天天只为应付父母，哪里还有时间、机会去想象啊。父母首先就要打开自己的思路，换一种方式培养孩子，让孩子自由自在地生活，这样孩子才能自由地想象。美国人常常能有出其不意的想法，这得益于他们小时候父母的“放任”，美国的孩子玩玩具、游戏，只要是在安全范围内，父母一般不多加干涉，而中国的父母一般都“看着”孩子玩，一会儿不许孩子把衣服弄脏了，一会儿不许孩子把不干净的手放进嘴里，这样使得孩子根本不能放开手脚去玩，想象力就更无从说起。

其实，多让孩子参加有创造性的游戏是培养孩子想象力的重要途径和方法，父母可以在孩子游戏时鼓励他们自己提出游戏的主题和内容，如果形成了习惯，孩子的想象能力就会得到迅速的提高。当然，父母也不能单纯为了增强想象力而让孩子去玩游戏，游戏的主要功能是让孩子增加乐趣，如果孩子在玩的同时有自己的想法，那就是另外的收获。

父母应多带孩子观察大自然和多看有知识、有趣味的图片，让孩子展开丰富的想象。父母还可以在多看的基础上教孩子画画，鼓励他把头脑中想象的东西画出来。开始时父母可以先画一些基本线条，告诉孩子要画什么，再让孩子根据自己的想象把画画完。我们常带朵朵去小公园玩，她现在能自己画小花、小鸟，上次她画了一朵紫色的太阳花，我说：“哪里有紫色的太阳花呀？”朵朵说：“彩虹就有紫色，以后工人叔叔肯定也会种出紫色的太阳花的。”我说：“你的想象力倒是不错，再好好画吧，画好了给工人叔叔们看，让他们种出这样的花来。”

童话故事适合孩子想象的特点，经常听童话故事的孩子其想象能力比不听、少听童话故事的孩子要丰富得多，所以父母要多给孩子讲童话故事。安徒生是世界著名的童话作家，有着丰富的想象力，这就得益于他母亲在他很小的时候就给他讲童话故事。父母讲完后，让孩子马上复述，孩子可能在复述中有漏掉的地方，也有添枝加叶的地方，只要主题大意不变，父母就应该鼓励。千万不要泼冷水，以免挫伤孩子想象的积极性。

世界上的天才也只有左右两个半脑，他们的想象力丰富并不一定是天生的，很多都是后天培养的。父母们带孩子多听、多看、多动手，在生活中慢慢培养孩子的想象力，给这些小天才们插上想象的翅膀，让他们飞得更高、更远。

NO.5

学一种乐器提高音乐素养

朵朵4岁的时候我决定送她去学钢琴，其实这一决定是朵朵帮我做的。有一天晚上朵朵在电视上看到郎朗在弹钢琴，朵朵说：“这个叔叔弹得真好，人长得又帅，我也会弹就好了。”我看到一篇杂志上写道：“选择乐器，最重要的是看适不适合，性格、时间、喜好一样也不能考虑少了。参考以上建议，不要强迫，不要干预，在孩子感兴趣的前提下，让她们华丽变身，钢琴公主、琵琶女孩不再遥远。”

我还在一个海归博士的博客上看到，“外国的孩子，音乐环境、条件好，孩子是先玩音乐，后学乐器。先玩音乐，心中有歌，即会歌唱”。这个博士还提到，“4～5岁可以开始学钢琴、电子琴、手风琴等键盘乐器，而学习弦乐器，如小提琴、古筝等，应该在5岁半之后”。我想了想，朵朵刚4岁，她平时也很喜欢钢琴，于是决定给她报一个钢琴班。朵朵学了有一年多了，效果还不错。

其实孩子学习乐器好处很多，正如博士所说，国外音乐环境、条件好，表面上看起来孩子们没有学习什么乐器，可是他们常常接触到音乐，有了一定的音乐功底之后，什么乐器他们都能“拿得起”。世界著名的“音乐之都”维也纳，夏天经常举行露天音乐会，每一户人家都会在合家欢乐时演奏古典音乐，更有趣的是，在政府会议前后，也都要演奏一曲，其音乐环境是中国孩子永远也想象不到的。

中国的孩子没有良好的音乐环境，那么孩子就可以通过学习乐器提高自己的音乐素养。学习乐器的好处之一就是可以开发孩子的智力，因为乐器一般都要同时用到手、脑、眼，甚至脚。学习乐器，要用到手指，十指连心，通过活动双手，可促使左右脑的细胞活化。一位小提琴教授说：“我所接触过的琴童，他们文化课学起来都不吃力，差不多每个孩子的学习都很突出。以前我们学校对学生进行过一个人格因素测试，智力分数一项，得分最高的是音乐学院组，其次是理工科大学组，最后是医学院组。”

孩子学习乐器，通过演奏乐器亲身参与和直接体验，享受音乐表现的乐趣，陶冶情操。专家指出学习音乐、乐器可以改善孩子封闭的性格、陶冶性情。学习音乐的孩子一般都是性情开朗、活泼、大方，习惯宣传和表现自己，不少性格内向的孩子通过学习音乐后，性情得到了极大的改善，处事待人、热情大方，更加喜欢与人沟通聊天。

演奏乐器是实践性很强的学习，是培养孩子音乐表现力及审美能力的有效途径，通过乐器演奏培养孩子兴趣与爱好，发展其音乐才能，表演潜能及创造潜能。学习音乐的孩子生活质量绝对要远远超过一般孩子，他们在生活方面处处展现出艺术的品位和价值。音乐是从心灵深处唤醒孩子的气质和灵感，使孩子对世界、对人生有更深刻的感受和体会。

在朵朵的钢琴课上老师指出学习音乐的道路上一定会遇到种种问题和困难，如何去解决它，如何去克服它，需要孩子们发挥自己的才能。老师还指出学习音乐、乐器的孩子有一个共同的特点，那就是善于总结经验，理解活学活用，知道举一反三的道理。朵朵在老师的引导下，不仅在学钢琴的时候举一反三，在学习其他内容的时候也知道举一反三。想一想，送她去学钢琴真是重要而正确的决定。

让孩子学乐器，父母也该有一个平常心，特别是孩子小的时候，先别树立远大目标，将来一定搞专业或不搞专业。学乐器、学音乐是提高孩子素质的途径之一，只要方法得当，能持之以恒，孩子的技艺、音乐素养自然会达到较高的水平。父母要引导孩子让他抱有平常心，努力发挥自己的水平就可以，成绩好坏也是水到渠成，不要求一定要争第几。

孩子一定要学一种乐器，通过学习乐器来学习音乐，提高音乐素养。慢慢地父母们会发现通过学习乐器，孩子提高的不仅仅是音乐素养，还有更多的自己平时没有发现的才能、才华。父母要在合适的时间，在自己的经济能力范围内让孩子学习一种乐器，让孩子在自己的音乐声里“飞得更高”。

NO.6

不要让兴趣班变得没兴趣

去年幼儿园新增加了好几个兴趣班，有舞蹈班、绘画班、珠算班，还有彩陶班。我和朵朵爸爸想给她报个舞蹈班，结果她不同意，理由竟然是“我不喜欢唱唱跳跳的，没意思”。我们让朵朵自己选，朵朵想了半天，说：“爸爸妈妈，我什么也不想学，我对这些班没兴趣。”我看了看朵朵爸爸，他想了想，说：“好吧，现在就什么都不报吧，等你以后对什么东西感兴趣的时候我们再学。”朵朵高兴得跳起来，我笑着说：“看你把这孩子惯的。”

过了两个月，有一天晚上朵朵小声地对我说：“妈妈，我可不可以去学钢琴？”我问她：“宝贝，你真的想去学钢琴吗？”朵朵说：“是的，我们班有两个小朋友就在学，学得可好了。”后来，朵朵看到郎朗的演出画面，那份激动与羡慕，终于让我决定送她去学钢琴。学习一年多以来，朵朵坚持下来了，她的兴趣算是稳定下来了。

现在的兴趣班是“五花八门”，多得让人“目不暇接”，许多父母抱着“望子成龙，望女成凤”的想法，给孩子报了这样那样的兴趣班。“我给女儿报了绘画、少儿英语两个班，孩子小，她懂什么呀，只有家长做主。”简单的一句话，代表了很多父母的心声。

中国不论大中小城市，都是这样，那么国外呢？外国的孩子有兴趣班吗？上次看到一个访谈节目，一个从法国回来的妈妈说她的女儿小时候在法国“春天学骑马，冬天学滑雪”。法国的父母也会给孩子报名参加一些课外兴趣班，比如跳舞、乐器、空手道、跆拳道、游泳、骑马、滑雪之类，选择很多。但是当地的父母对孩子学习方面要求不是很高，像什么奥数班、英语班，在法国听都没听说过。

另外一个从美国回来的妈妈说在美国幼儿园不设兴趣班，如果孩子想发展某种特长，社会机构有专门开设的音乐班、美术班等供家长选择，但是收费很贵。在美国幼儿园，特别强调锻炼孩子的自理能力和运动能力，老师会组织很多户外活动，让孩子动起来。

我听了这些都很羡慕，朵朵更是高兴地大喊："我要去法国，我要去美国。"可是中国的现状如此，孩子如果真心有兴趣，还是应该让孩子去参加兴趣班的。但是在选择兴趣班的时候，父母千万不要为了圆自己的梦，或者因为周围别的小朋友选择了某个班就跟着去选某个班。既然是兴趣班，自然要根据孩子的兴趣来选。孩子选择兴趣、方向，具体报哪里的班，父母可以实地考察，毕竟现在办兴趣班的太多，良莠不齐，父母多选择一下总是好的。我们附近就有好几个钢琴班，我都考察了一下，最后觉得现在学的这个班授课很灵活，老师也很负责任，所以就报了。

很多父母说："我孩子学过绘画，学过小提琴，学过跆拳道，可是因为各种各样的原因，最终都不了了之，这可怎么办啊？"其实孩子的兴趣本来就是多变的，他一时的兴趣并不能代表他永久的兴趣。很多时候，孩子的兴趣不能算是兴趣，只能算是好奇，一旦他的好奇心满足了，"兴趣"也就随之消失了。所以父母在报兴趣班之前一定要了解清楚，如果可能可以带着孩子到兴趣班"试"几次，如果孩子真的一直感兴趣，再报名也不迟。

有父母表示自己孩子上兴趣班，刚去的时候兴致挺高的，可是上了没几次，就不想去了，父母用尽方法让孩子再过去几次，可是最后孩子还是放弃了。不少孩子尤其是学龄前的孩子做事都会出现"虎头蛇尾"的情形，如果父母让孩子参加各种兴趣班，提供过多刺激，孩子会在学习中产生挫折感和厌倦感，注意力会更加难以集中。对这样的孩子，父母不要给孩子安排过多的兴趣班，最好精心选择一到两个，这样既能培养孩子的兴趣，又能使其集中注意力。

报兴趣班之后，父母一定要抱着"只问耕耘不问收获"的态度去面对，更多地引导孩子去享受这个过程，而不是定一个目标，去感受达到这个目标之后的情绪。孩子不管学什么，还是以兴趣引导作为重点。如果孩子有畏难情绪了，不愿意再学了，父母不要强迫他，还是放弃的比较好。毕竟，对孩子的成长来说，让他有个快乐的童年比让他拥有一技之长更重要。

没有一个孩子将来会是全能的人，不是全能的人，一样可以很快乐，很成功。孩子喜欢什么，父母就创造条件让他去感受，跟他一起参加这类活动，在活动中拓展出更多的内容，以兴趣来引导他深入地去探究。父母一定要记住，在兴趣班这个问题上，父母要引导而不强迫，不能认为孩子太小就作不了主，因为有没有兴趣只有孩子自己才作得了主。父母不要让自己的“好心”使孩子对兴趣班变得没有了兴趣。

NO.7

分享阅读让孩子爱上读书

朵朵小的时候就很喜欢听故事，总是让我们给她讲故事，无论是奶奶口中讲的《牛郎织女》，外婆嘴里的《舒克与贝塔》，还是林林表哥眉飞色舞讲的《哈利·波特》，都让朵朵听得兴趣盎然。今年朵朵爸爸给她买回来好多的书，全是带插图的故事书，我和朵朵爸爸有时间就带着朵朵一起“读书”。与其说是朵朵在读书，不如说是我和朵朵爸爸在读书，因为基本上都是我们在读，朵朵附合着在说。

我们这样“读书”读了两个月，我发现朵朵对每个故事都有了自己的理解，词汇量也增大了，时不时地冒出几个“新词”，故事书里一些简单的字，她也能认识。前几天朵朵爸爸从网上看到美国教育学家Holdaway等人提出了一种简便易行的教育方法，即分享阅读法。之所以被称为“分享”，就是由于它强调的是“享受”，既让孩子享受到阅读的乐趣，也让孩子享受到父母的爱，而且这种享受是由父母和孩子一起阅读共同创造的。朵朵爸爸高兴地说：“我们这一不小心就和国际接轨了，看来我们还要坚持分享阅读啊。”

我也查了一下资料，发现分享阅读是一种不以学习为直接目的、类似游戏的阅读活动。这很接近我的想法，于是大胆地拿了过来，用了起来。后来我又和朵朵幼儿园的外教老师沟通了一下，她说：“在欧洲，我们一直就是采用分享阅读，父母先给孩子读故事，孩子熟悉故事了以后，他就可以自己读故事，最后孩子就可以自己独立阅读了。”她还指出：“中国的爸爸妈妈比较爱省事，很多人都是自己讲故事给孩子听，并没有按书上的来讲，更没有用正式的书面语言，孩子发现讲的和写的不一样，就对书本没有了兴趣，慢慢就只是单纯地听故事了，根本没有达到培养孩子阅读兴趣的目的。”看来简单的分享阅读背后还有很大的学问呢。

有学者在幼儿园中做调查，问孩子们“喜欢一个人看书还是有爸爸妈妈讲解”，无论年龄的大小，98%的孩子都选择了“有爸爸妈妈讲解”。很多孩子都表示“喜欢在家里看书，因为家里安静、书多，爸爸妈妈能教我。”对于学龄前的孩子来说，首先是得到爱与快乐，其次才是汲取知识。分享阅读时孩子带着听有趣故事的平常心态和父母一起阅读，父母的目的也不是为了让孩子学习知识，不会对孩子有任何的评判，因此，孩子的感觉轻松愉快。依偎在父母怀抱里，倾听着父母温柔的话语，孩子就像小时候在摇篮里听妈妈哼优美的摇篮曲一样，带着父母深切的爱、带着安全感，他更容易理解和接受书的内容。父母也能感到孩子对自己深深的依恋，从而在阅读过程中，自然缩短了两代人之间的距离。

孩子独立阅读之前，他们的故事来源，主要是父母的讲述。父母第一次讲的时候，孩子常常由于故事情节的吸引，很难有自己的想法，可是父母第二次讲的时候，孩子已经知道了故事的情节、人物的命运，开始变得从容不迫，就会有自己的想法了。同一个故事反复多次进行，孩子就会越来越熟悉故事中的语言。孩子的模仿力是最强的，父母照着书本的逐字逐句的朗读，孩子就可以一步一步地参与到阅读中。分享阅读是一个让孩子从“听故事”过渡到“读故事”的安全桥梁，不过父母一定要将同一个故事反复多次地进行才会达到这种效果。

美国心理学家研究表明，孩子大约从3岁开始，就已经具备了基本的言语表达能力，拥有了大量的口语经验和口语理解能力，发展了大量的口语词汇，在头脑中建立了大量语音与语义的联系。父母和孩子一起分享阅读，共用一本书，父母在逐字朗读的时候，一边用手指的动作，引导孩子注意到每一个字，并读出每一个字的发音。如此一来，孩子在听故事的过程中，学着把自己听到的字音和看到的字形一一对应起来，在不知不觉中学习了识字。分享阅读不以识字为目的，可是孩子在毫不知情的情况下认识了字，并且丝毫不会觉得枯燥和乏味。

孩子对颜色的敏感度很高，如果一件物体先以鲜艳的色彩和较大的面积闯入孩子的视野之中，他就会对这个事物发生明显而持久的兴趣。因此，图文并茂的图书是孩子喜闻乐见的书籍。图画的颜色缤纷多彩，主人公形象生动可爱，背景细节丰富，适当的夸张更有趣，能引起孩子极大的关注与兴趣。分享阅读时父母要恰当地引导孩子观察插图，这样不仅可以引发孩子的好奇心，还能够锻炼他们利用已有资源，获取有用信息的能力。每位父母在陪同孩子分享阅读的时候，一定要记住让孩子看图书中的插图，从而锻炼他的观察能力，提高他的想象能力。

分享阅读是一种游戏，重要的不是在阅读中学习，而是学会阅读。父母要为孩子创设轻松、和谐的氛围，让孩子跟着父母反复朗读。父母要对孩子强调分享阅读，不要求孩子认多少字，也不要求孩子学习多少知识，而是让孩子更多地喜欢所读的故事。在如此“无压力”的条件下，孩子能够把阅读活动和一切愉快的情绪、体验联系起来，对阅读感兴趣，从而更喜欢阅读。

NO.8

玩具让孩子更聪明

朵朵3岁的时候，朵朵爸爸给她买了一台遥控汽车，我说：“你可真是的，哪有小女孩玩这个的？小女孩应该玩芭比娃娃。”朵朵爸爸说：“这次你错了，国外专家认为，在孩子身心发育的早期，要避免性别标示，孩子幼小的时候，应该给予孩子同等发展的空间，不应该过多地干涉孩子的选择。遥控汽车是朵朵自己选的，我们要尊重她的选择。再说了，朵朵以后要当女中豪杰，远遥控汽车会让她更勇敢。”看着朵朵爸爸激动的样子，再看看朵朵高兴的样子，我只能佩服于他们的选择。

玩具对于孩子来说是不可缺少的伙伴，世界各个国家的孩子都玩玩具，不论贫穷还是富裕，每个孩子都有属于自己的玩具。

玩具能促进孩子的语言、智能、身体机能诸方面的发展。孩子在玩耍时，不时会对着玩具念念有辞，不要小看这种沟通模式，它给予孩子运用语言去表达意思的机会。父母如果能参与其中，与孩子一起玩，不但可以引发孩子多说话，还可在旁指导他的用辞和表达技巧，加强他掌握语言运用的能力。朵朵每次给芭比娃娃穿衣服，都会念叨个不停，一会儿说：“你是黄色的头发，那我给你穿黄色的衣服。”一会儿说：“你穿这个短裙子吧，特别漂亮。”不知不觉中朵朵会说很多话。

孩子的手脚协调、手眼配合等身体机能，需要训练才能逐渐建立起来。如果专门让孩子进行相关的训练，那几乎是不可能的，因为幼小的孩子根本就不吃那一套，这时玩具就派上用场了，很多玩具是训练孩子身体机能最佳的训练工具。例如孩子垒积木，这时他除了要运用头脑之外，还要手足够灵活，并且要头脑和手相配合。朵朵很小的时候，我们就给她买了好几盒积木，让她自己玩，爱怎么搭就怎么搭，她的手眼配合能力就是从那时练出来的。

孩子靠身体及官能的感官来接触世界，玩具可以刺激孩子身上各种感官的反应，来接触和认知外间新奇的万事万物。有些会发出声响的玩具，足以引起孩子对周围环境的反应，有些则设计得颜色鲜艳，线条吸引，能直接带给孩子视觉上的刺激。朵朵小的时候，我们买了很多彩色的气球挂在窗台上，她看着各种颜色的气球竟然慢慢认得什么是黄色、什么是红色，她那时候只有1岁半，让我和朵朵爸爸惊喜不已。

孩子有没有情绪不好的时候？当然有。此时父母不能强制让孩子高兴起来，而应该让他发泄出来，此时玩具就成了孩子发泄情绪的对象。很多父母说孩子遭到挫折、愤怒时，会将玩具摔掉、拍打或指骂。这就是孩子宣泄情绪的表现，孩子跟大人一样，需要渠道发泄情绪，不然，会形成抑郁的心理疾病，影响健康。我们给朵朵买了一个“受气包”，每次朵朵不高兴的时候就会捏它一下，这个“受气包”被捏之后都会露出不同的小丑一样的脸，逗得朵朵忍不住地笑，朵朵的情绪也就慢慢好起来了。

随着孩子慢慢长大，玩具还成为孩子与别的孩子交流的工具。孩子在跟同伴或父母玩耍的过程中，不知不觉间在发展他的社会关系。有的时候通过与别的小朋友交换玩玩具，孩子可以结识更多的朋友，同时孩子也学会了协作与分享，为日后融入社会作好准备。孩子很多时候希望父母与自己一起玩玩具，在一起玩耍的时候，加深了亲子关系，在互相分享、交流的过程中，给予孩子心理上健康发展的机会。

相对于玩玩具，世界各国的孩子没有多大区别，因为每一个孩子拿着玩具多多少少都会玩一会儿。但是对于如何选择玩具，中国人与西方人的差别就大了。中国的孩子也好父母也好，在挑选玩具的时候，通常容易只关心玩具的色彩，不管是否有国家安全检验局的安全标志。对玩具品质的要求不高，对含玻璃纤维的东西，含铅的塑料的危害认识不够。

而欧美国家的父母给孩子选择玩具时很注意安全性，对具有挑战性的玩具都愿意尝试。欧美国家的父母都尊重孩子的选择，很放心地让孩子自己挑选玩具，只要孩子选择的符合年龄特点、符合安全要求，父母一般都为孩子买下。

早在20世纪，欧洲共同体就颁布了玩具的标准EN71，我国也有GB6675

《国家玩具安全规范》，对玩具产品做了严格的质量要求。它针对不同年龄段的宝宝使用的玩具作了不同的规定，严格规定了玩具使用说明及标识的标准要求，如：必须标明生产厂商名称、厂址等，涉及12项内容。父母在为孩子购买玩具时，一定要检查玩具的包装上有没有这些内容，然后再购买，不能只图价格低廉。

玩具是孩子不可或缺的游戏伙伴，父母创造条件让孩子玩玩具，在为孩子选择玩具时，选择安全性更高的玩具就可以让孩子安心地玩。当然，孩子玩一些有危险性的玩具时，父母最好在身边陪着。孩子们，祝你们越玩越开心，越玩越聪明。

NO.9

劳动最光荣

前天是三八妇女节，晚上朵朵爸爸说："今天是你的节日，你休息一会儿吧，我来做饭。"我放下菜刀，乐呵呵地坐在沙发上看电视。想起来还有当天的衣服没有洗，就去洗衣服，朵朵说："妈妈，你今天别干活了，用洗衣机洗吧。"我看着可爱的朵朵，于是决定用洗衣机。衣服没有几件，很快就洗完了，朵朵爸爸还没有做好晚饭，于是我就去晾衣服。朵朵陪着我晾衣服，一会儿给我拿衣架，一会儿给我拿衣服，她的衣服都是自己动手晾起来的。

朵朵爸爸做好了丰盛的晚餐，我和朵朵都向朵朵爸爸致敬，谢谢他为我们做了这么好吃的晚餐。晚饭后朵朵和爸爸一起洗了碗，还一起拖地板，把厨房和餐厅打扫得干干净净的。我们都说："朵朵真是个爱劳动的好孩子。"朵朵懂事地说："妈妈，你每天都是这样做的，你更爱劳动。"

热爱劳动是中华民族优良的传统美德，可是如今的孩子却恰恰缺乏了劳动的意识。现在独生子女太多，孩子们在家里都是小皇帝、小公主，爸爸妈妈惯，爷爷奶奶疼，一切都有人包办，很多孩子别说洗碗擦地，就是洗脸都有人帮忙，真正过的是"手不沾水"的生活。中国的父母一直在说我们的孩子越来越不懂事，缺乏关爱，懒散、不爱劳动、自理能力差。可是也应该转过头想一想，作为父母我们做到什么了？

瑞士父母为了不让孩子成为无能之辈，从小就培养孩子自食其力的精神。德国的家长从不代替孩子做事情，擦皮鞋这种事从来都是交给孩子去完成的。日本人坚持"除了阳光和空气是大自然的赐予，其他一切都要通过劳动获得"。在日本全家人外出旅行，不论多么小的孩子都要无一例外地背上一个小背包。

国外的孩子表现出来的吃苦耐劳，很大程度上与父母的培养有关。为了让孩子追上时代的脚步，把孩子供着养是不行的，父母必须让孩子有意识地爱劳动、会劳动。孩子太小，不可能把他们送出去“打工”，那么就让他们在家里做一些家务吧。只要孩子开始劳动，那么他的自理、独立能力就能得到提高，更重要的是能让孩子爱劳动，充分感受到劳动后赋予的快乐和幸福。

孩子能力有限，父母不能以成人的标准去要求孩子，要及时肯定、表扬孩子的干活热情及干得出色的地方。尊重孩子的劳动成果，让孩子在劳动中建立自豪感。如果孩子有什么不足之处，也应该以鼓励的口吻指出，一定不要全盘否定。我记得朵朵第一次扫地，她只扫屋子当中的空地，桌子下面、沙发下面都不扫，我说：“朵朵扫得挺好的，要是把桌子下面、沙发下面再扫一扫，那就更完美了。”朵朵看了我一眼，又低头把桌子和沙发下面都打扫干净了。有的妈妈看到孩子扫得不尽如人意，夺过扫帚代孩子重扫，更有人在旁唠唠叨叨指责，弄得孩子兴趣全无，这样，以后就再不敢承担家务劳动了。

孩子的劳动带有游戏的性质，孩子在劳动过程中常常是边玩边做。劳动只成为纯粹的义务而无任何乐趣的话，是很难让孩子热爱劳动、坚持劳动的，父母要尽可能努力使孩子做家务活轻松愉快。很多孩子一边洗内衣一边玩肥皂，一边擦桌子一边玩水，对此父母不要苛求，就让孩子边玩边做吧，起码他们还是做了事的。

孩子还太小，做家务时父母不要离开，要给孩子以指导和督促。很多事孩子都不知道正确的做法，父母如果不加以指导孩子只会一直错下去，但是父母应当允许孩子在做的过程中在细节上有更多的自由。父母既不要树立不现实的高标准，也不能允许孩子干活敷衍了事，马马虎虎，要提出建设性批评，指出执行任务中积极的方面和提出进一步改进的方法。

“你不听话，那好，扫地去。”“你不好好吃饭，晚上就你洗碗了啊。”很多父母把分配家务活作为惩罚孩子的一种手段。其实这样是曲解了劳动的本义，孩子在这种情况下劳动，积极性不高，情绪也不好，不能细心地做事，常常做错事，最后事半功倍。朵朵就曾经和我们说：“我要自己扫地，你们罚我扫我才不扫呢。”从朵朵的话中就可以知道很多孩子认为扫地就代表着被罚，是不光彩的事，所以才不爱扫地。所以聪明的父母们，不要把劳动作为惩罚手段，那样只会让自己失去一个生活的好帮手。

父母在分配家务活时，必须注意安全和卫生，并且结合孩子的年龄、身体情况等。如果让3岁的孩子去洗碗，那就等着让碗报废吧；让4岁的孩子独自上街买东西，那就等着警察来骂吧。孩子的身体较柔弱，缺乏自我保护的知识经验，不能分配孩子做使用锐利工具的活，并且劳动的时间和强度也要适当。

孩子在家都是以父母为榜样，如果父母不爱干活，要想孩子爱劳动那是不太可能的。要是父母认为干家务活是令人讨厌的或降低身份的事，是因为没办法才不得不为之的，那么这种消极态度将会影响到孩子。因此，做父母的首先要具有对劳动的尊重和自豪的感情，成为热爱劳动的榜样。

未来是属于孩子的，孩子未来的路要靠他们自己去走，未来的生活要靠他们自己去创造，是走遍全世界还是守着自己的小天地，全靠孩子自己决定。要让孩子走出去，走出自己的精彩，那么就要从小培养孩子爱劳动。劳动不仅是一项技能，更是一项良好的习惯，父母不要怕孩子受苦，也不要怕孩子受伤，因为只有多劳动孩子才不会在以后的人生路上吃更多的苦、受更多的伤。

第三篇

火柴盒里走不出国际人才

走进世界，第一步就是走出家门，要想成为国际人才，最重要的就是走出自己的狭小天地。只有走出去看到世界的广阔，才会有更远大的目标，也才会学习更多的才能。

在孩子走出家门之前，父母需要做什么？对于太小的孩子来说，与其说培养一些东西，不如说保护一些东西，让孩子有强健的体魄、有运动的热情、会自如地与他人交流……这些都是在小时候就要慢慢维护的。

只躲在自己的家里，如同躲在一个小小的火柴盒里，永远不知道别人是如何保护孩子的天性的，父母借鉴一些别人的优良的保护方式，才能让自己的孩子具有更好的才能，具有更强的竞争力。

NO.1

外国的孩子吃的也只是“营养”

前天晚上我做了炸酱面，朵朵一看到面就说：“妈妈，我不想吃。”我很诧异，因为朵朵一向很爱吃炸酱面，我问她：“朵朵，怎么了？哪里不舒服吗？”朵朵小声地说：“今天中午在幼儿园吃的就是炸酱面。”这时候电视里正在播《舌尖上的中国》，朵朵看了一会儿说：“米啊面的我都不想吃了，中国的我都不想吃，我想吃外国孩子吃的。”

朵朵爸爸一听就乐了，对她说：“朵朵，你以为外国孩子吃什么神秘大餐呢，他们吃的也只是米啊面的，当然也有肉啊蛋的。我们吃过肯德基、寿司，不就是美国孩子和日本孩子吃的吗？”朵朵想了想，说：“唉，没意思，我还是吃炸酱面吧。”就这样，我们一家三口在笑声中开始了晚餐。

朵朵每次不想吃饭的时候就会摆出种种理由，说得最多的就是人家外国的孩子都不吃这些，每次我和朵朵爸爸就会告诉她，虽然外国孩子吃的东西的样子和我们的不一样，但是营养却是一样的。

朵朵爸爸今天上午买回来一本书，里面介绍了各国的饮食文化，法国人对菜肴的要求很高，讲究选料严格，加工精细，花样繁多，保持原味和合理营养；意大利人善用米饭、面条做菜，而不是作为主食；西班牙美食汇集了西式南北菜肴的烹制方法，其菜肴品种繁多，口味独特；俄国人喜食热食，爱吃鱼肉、肉末、鸡蛋和蔬菜制成的小包子和肉饼等，各式小吃颇有盛名；香肠可谓是德国菜肴的代表作，面包是德国人一日三餐不可缺少的最重要的主食；英国菜的制作方式只有两种：放到烤箱烤，或者放火锅里煮，口味上喜爱清淡、酥香，被称为有“妈妈的味道”；美式烹饪不仅用传统的方法来烹调这些外来菜式，继承了英式菜简单、清淡的特点，更对这些菜式进行改良，将美国本土风味融入其中……朵朵看到各式美食的图片，忍不住地流口水，朵朵爸爸说："你看爸爸妈妈说得对吧？其他国家的孩子吃的也只是肉啊面啊什么的，也只是营养嘛，你要好好吃饭，有机会爸爸妈妈就会带你去吃别的国家的美食。"朵朵高兴地猛点头，对爸爸说："爸爸说话要算数哟。"

作父母的最基本的工作就是要让孩子有一个健康的身体，让孩子吃好。面对形形色色的食物，如何才能让孩子吃好呢？其实最重要的不是吃什么样子的食物，中国有八大菜系，国外各个国家都有自己的特色美食，供孩子选择的太多，最重要的是父母给孩子吃的一定是营养的、有利于健康的。

合理的营养是促进幼儿生长发育和物质能量代谢的必要条件。只有营养合理，才能对体格、大脑、智力、心理与行为诸方面产生良好作用。"为人父母的你，所肩负的最大责任就是教导孩子如何健康又幸福地拥有长寿人生。"父母要为小孩子选择营养丰富的食品，应注意足够的蛋白质及能量的供给，蛋白质食品应尽量选择营养价值高的动物食品或大豆及其制成品。很多父母认为"食不厌精"，给孩子吃的东西越精细越好，吃的粮食就更精细化了，其实按科学的理论粗粮比细粮好。

孩子的饮食心理极易受食物色、香、味、形和量的影响。一般来说三四岁的孩子特别喜欢吃蛋羹、肉丸子、包子、饺子、馅饼、火腿肠或果酱、春卷等，这些食物的特点是味道鲜美、色彩分明、图形刀法规则。而五六岁的孩子喜欢吃形式多样的饭菜，能逐渐适应干稀搭配，喜爱花样面点和各种配菜。不同的食物可以使营养素互补，父母要注意饮食品种的多样化，经常变换食物花样能更好地兴奋孩子的神经中枢，从而促进消化吸收和提高食物利用率。

父母要注意给孩子的饮食要适合孩子消化机能，食品应细软，避免应用质地粗硬的食品及有刺激性、过于油腻的食品。在日本不论大人还是孩子，他们的食物都很清淡，所以他们身体虽然普遍不太胖，但是体质都很好。

父母是孩子的营养师、厨师，不论合格不合格，都要上场。如果自己心里没有底，那么可以求助于专业人士，现在营养咨询师们正在努力从事这样的工作。父母们多开动脑筋，结合自己孩子的体质，做出让孩子吃得好、长得好的食物。当然，不能像我这样，做不出什么好吃的食物，让朵朵时常羡慕电视里看到的外国孩子吃的"美食"。

NO.2

培养孩子的耐冻体质

去年冬天，有一个晚上朵朵、朵朵爸爸和我三个人在一起看电视，新闻里说韩国组织孩子们在冰天雪地里训练，所有的小孩不论男女都只穿一个小内裤，站在冰雪上训练。朵朵说："妈妈，他们就不怕冷吗？那雪多厚啊？"我也感叹，说："是啊，多冷啊，这些孩子也就七八岁，怎么受得了。"朵朵爸爸说："韩国可比我们这边冷，人家从孩子很小的时候就进行训练，孩子们已经形成耐冻体质，所以就不怕冷了。"

由此，我想到中国人的体质，以前国外的人都说我们是"东亚病夫"，认为我们体质很不好。但是现在人们的生活水平高了，体质也增强了，就拿身高来说，以前高个子不多，现在的大高个到处都是。林林上初三了，他说他们班一米八多的男孩子就有好几个。可是，我们孩子的耐冻性并不强，怎么办呢？

朵朵爸爸的一个同事是朝鲜族人，曾经在韩国工作过5年，他的儿子也是在韩国出生的。那天，他带着他儿子睿睿到我们家玩，当时正是冬天，朵朵穿着一件厚羽绒服，可是睿睿只穿了一件薄薄的棉衣。睿睿6岁了，他对朵朵说："你要多锻炼哟，不然你以后会越来越怕冷。"睿睿爸爸也说："其实孩子是不是耐冻不是天生的，我们老家、韩国也有一些人很怕冷，可是经过训练都很耐冻，你们也可以对朵朵进行这样的训练。"朵朵一听很害怕，睿睿说："不要怕，不会把你丢进冰水里的。"

睿睿爸爸首先讲了冬天人们为什么怕冷，他说："很多人冻伤过，或是见别人冻伤过，所以就怕冷。"是的，以前很多人冻伤过，我见过别人手脚冻伤后又红又肿、又痒又痛的的样子，看着就让人难受。所以一到深秋，我就开始穿上厚厚的衣服，有了朵朵以后，我也给她穿得保暖一些，如果冻伤了可就麻烦了。

睿睿爸爸说他们在韩国冬天都把孩子带到屋外，让孩子呼吸冷空气，在冬天可以选择风和日丽的好天气，在上午10点到下午3点的时间，让孩子出门接触阳光与冷空气，这时空气清新度好，污染少。在冬天，最初只让孩子露出小脸和小手，如果比较适应，可以逐步扩展裸露的部位，如脖子、胸的上部和小胳膊、小腿，时间也可以逐渐延长。当然这种训练不是从冬天开始的，有效而科学的训练要从夏天开始，经由夏到秋，秋到冬的三季训练，当冬季来临时，孩子就照样可以外出感受冬日暖阳和新鲜空气了。睿睿问朵朵："这样，可以吗？"朵朵想了想说："可以，没有什么。"睿睿爸爸还说了好几种方法，比如：冷水冲淋、喝冷水、按摩、适当穿衣、适量运动等，我觉得对提高孩子耐冻体质都很有帮助，准备慢慢地在朵朵身上进行应用。

想一想，我们孩子只是需要增强耐冻体质吗？并不尽然。和寒带地区的国家相比，我们的孩子不够耐冻，和非洲国家相比，孩子的耐力不够，而城市和农村的孩子相比，城里孩子的免疫力不够。父母要从多方面提高孩子的身体素质，让孩子的体质更好。

加拿大卫生组织的调查显示：68%的疾病与室内污染有关，80%～90%的癌症起因与居住环境和生活习惯有关。父母要多带孩子到空气清新的公园、绿地等处做户外运动，以提高孩子的免疫力。鼓励孩子多吃蔬菜、水果、海带、猪血等具有抗污染功能的食物。

世界卫生组织（WHO）曾警告，抗菌清洁用品会使微生物抗药性问题更严重；而美国医学会也呼吁大众避免使用含抗菌成分的清洁用品，因为这些产品可能是抗药性微生物的来源，只要使用一般肥皂和水就可达清洁的效果。所以父母要培养孩子基本的卫生习惯，尤其在上厕所后把手洗干净，可以防止拉肚子或尿道感染等疾病。

根据2000年发表在《新英格兰医学期刊》的研究，13岁以下的孩子如果幼小时即和较年长的亲人，或托育机构里的小朋友相处，日后患气喘病的几率减少一半。医学专家指出透过接触其他孩子，暴露在感染源下，可以刺激孩子的免疫反应，增强他的免疫系统，降低对过敏源起反应而引发气喘的机会。所以父母要鼓励孩子与其他人多相处，如果总是让孩子处于一个干净、无菌的条件下，孩子一出门就容易被各种各样的病菌盯上。

父母放宽心，给孩子适当的营养，合适的着装，并进行合理的行为指导，然后让孩子自己去锻炼吧。孩子只有多接触大自然，多用手用脑，其体质才会不断地得到加强。

NO.3

运动是一种文化

朵朵爸爸喜欢打羽毛球，而且打得还不错。每次回老家过年的时候，朵朵爸爸和几个亲戚都要在一起打羽毛球。朵朵问她爸爸："爸爸，你们每次见面都要打羽毛球，多没意思啊！你们就不会做点别的吗？"朵朵爸爸说："爸爸从小就和你伯伯、叔叔他们一起打羽毛球，这成了我们见面玩的内容之一。现在我们见面的机会不多，只有过年过节才能聚在一起，当然要打会儿球了。"朵朵说："那我现在开始也要打羽毛球，以后和小姐姐她们在一起才有得玩。"

我不怎么爱运动，朵朵爸爸常常批评我，让我多参加一些运动，他说："现在朵朵慢慢长大了，你要为她做榜样哟。"于是我报了一个网球班，决定学习网球去。没想到我去学网球还结识了一个外国朋友，了解到他们国家对孩子运动的态度。

当长相和穿着都很中国化的西班牙籍华人杰森出现在我面前时，我以为他是学员，更以为他是中国人，但是他帅气地一笑，说他是教练。杰森很温文尔雅，在教我们网球时喜欢大谈网球文化。后来慢慢了解到他来中国工作一年了，有一个5岁的儿子还在西班牙。他对我们说："我儿子8岁了，他从5岁开始打网球，现在已经开始参加欧洲的少年儿童比赛了。"看他骄傲的样子，我真的很羡慕。

杰森说："西班牙4000万人，个个都是体育迷，运动是我们的生活方式，就像每天要吃饭一样，没有人会考虑为什么要吃饭。儿子学网球是为了培养他对体育的兴趣，使体育成为孩子一生中始终不可缺少的重要内容。"他们把运动融入了生活，成为生活必须的一部分，孩子当然很轻松地愿意打网球。

中国的父母如果发现孩子有哪一方面的天分，不管是画画、音乐，还是体育，都会从孩子很小的时候就陪着他南征北战，找名师、托关系。最现实的功能是可以当特长生，在升初中或高中时加分；最长远的利益考虑是，孩子一旦学习不好，还可以进各类艺术和体育院校，运动成为一种十分功利的附加品。我们的孩子是为运动而运动，他们西班牙的孩子是把运动当做和吃饭一样平常和必须，孩子的出发点不一样，心态不一样，当然其结果也不一样。

杰森说："西班牙的孩子很少有不喜欢体育运动的，因为运动让他们沸腾的热情和活力有了释放的舞台。他们进行体育运动，重在参与，好与不好、输与赢其实并不重要，重要的是他们需要和朋友一起活动，一起玩耍。"杰森说："和你们中国的父母一样，我们也是全身心地爱我们的孩子，当儿子迷上网球后，我和妻子几乎每周都要陪他去看球赛。后来儿子自己参加比赛了，每次我们夫妻俩都要到场为他加油，我们的目的只有一个：让儿子在运动中寻找快乐，身心全面健康发展，从而使他日后的学习、生活和工作更丰富多彩。"

在和杰森的谈话中，他一直在给我灌输着这么一个理念："网球是一种文化，孩子打网球的过程也是学着做人的过程。在西班牙，对教幼儿的网球教练水平要求很高，因为教练不仅在教孩子技能，更在教孩子一种精神和文化。"我不仅反思，我们平时把运动当成一种文化了吗？我们在运动的时候是否在教孩子、教自己做人的道理？运动赛场上我们赢了，可是在生活这个大赛场上我们赢了吗？

丰富多彩的体育运动尽管形式各不相同，但其基本的精神是相同的，那就是：愉快的生活态度，较强的适应能力，个人行为的规范化、责任感及与同伴的合作精神，公正地看待问题，遵守规则和规定的能力。另外，运动一般都具有艰苦、疲劳、激烈、紧张对抗以及竞争性强的特点。孩子们在运动时，总是伴随着强烈的情绪体验和明显的意志努力，通过运动，有助于培养他们勇敢、顽强、团结、机智、沉着、果断、谦虚、谨慎等意志品质，使他们保持积极、健康、向上的良好心理状态，成为一个心理健康的人。对父母来说，体育活动使孩子们能有机会学习团队精神、建立友情、强壮体魄、磨练意志。所以，无论从什么角度来看，孩子参加体育运动都是件好事。父母不仅要鼓励孩子参加，还要积极参与孩子喜欢的运动项目，和孩子分享运动的快乐。

爱孩子，就让他们运动吧！这样不仅能加强孩子的体魄，还可以加强孩子意志品质的培养。这些都会影响孩子的一生，让孩子做一个生理、心理都健康的人。

NO.4

会表达自己才会得到更多

明明是朵朵幼儿园的同学，我们住在同一个小区，来往比较多。有一天，我和明明妈妈一起送孩子上幼儿园，在路上明明妈妈对我说："昨天晚上明明很晚都不肯去睡觉，一直在客厅玩玩具。我叫了几次他都不肯去睡，嘴里一直在说：'下雨，下雨。'我当时心想他都这么大了还没见过下雨？哄着他睡着了。今天早上他爸爸问他昨天晚上为什么不肯去睡觉，他吞吞吐吐地说昨晚下雨太黑，他想等他爸爸回来才睡。"最后她叹气说："我这个孩子啊，都不会正确地表达。"我看着和朵朵一起蹦蹦跳跳往前走的明明，也不知道该说什么好。

我想起来明明和朵朵刚上幼儿园的事，那时候他们还在上小班，朵朵很淘气，而明明话不太多，很安静。有一天我们一起往家走，走着走着，朵朵突然转过头去把明明上衣的拉链给拉了下来，明明没有说什么，把拉链拉上去继续走。我制止了朵朵，又往前走。一会儿朵朵又回过头把明明的拉链给拉下来，明明还是没有说什么，把拉链拉上继续走。我拉着朵朵离明明远一点地走，可是朵朵趁我们说话又去拉明明的拉链，这次明明二话不说，狠狠地抓住朵朵的衣服用力摇晃，朵朵吓得大声哭了起来。从那时候我就知道明明不擅长表达，但是是个有脾气的孩子。

四五岁是孩子语言能力飞速发展的时期，有专家研究发现，这一年龄段的孩子每天能吸收9个新词。但是，并不是说所有的孩子都能完全准确地表达出自己的所思所想，譬如有些语言能力发展相对滞后的孩子。其实，很多时候，不是孩子不想说，而是孩子不知道怎么用语言去组织自己的想法并把它表达出来。作为父母我们有和孩子交流吗？我们在培养孩子的表达能力吗？

上次看到网上有个调查，名字叫做《看看你是“中国父母”还是“外国父母”》。在调查中指出孩子回家时父母问的第一句话通常是什么？在中国，父母把孩子从幼儿园接回家时说的第一句话通常是：

1.今天在幼儿园吃什么了？

2.你今天学什么了？

3.有人欺负你吗？

4.今天老师布置作业了吗？

而国外，父母在孩子从幼儿园回来问的第一句话通常是：

1.你今天快乐吗？

2.今天有什么有趣的事吗？

3.你有什么作品吗？

4.今天和大家玩得高兴吗？

中国的父母比较关注孩子的生活情况和学习情况，而外国的父母则把注意力更多地放在孩子的情绪、兴趣、能力上。中国父母的关心本来是无可厚非的，但是可能会让孩子自己对生活和学习过程有更多的关注，而忽视了情绪、情感的变化等。而外国父母的问话，更容易让孩子有倾谈的欲望，有表达的意愿，会让孩子对自己的作为有所感触，并且会对明天的幼儿园生活产生向往。

专家指出，父母每天接孩子回家时，是孩子思维最活跃、最兴奋的阶段，也是开发孩子智力的黄金时间，父母可以好好利用这段时间，给孩子的表达创造良好的机会。父母多问孩子一些具体的事，让孩子积极地回答，比如：“你今天最快乐的事是什么？”“今天你和小朋友一起做了什么游戏？”这样的提问，内容具体明确，孩子知道如何回答，而且有回答的欲望。只要有回答的欲望才能激发孩子的语言表达能力，他才会刻意去组织语言，认真回答父母的问话。当然，父母在孩子表达的过程中可以附加一些提示、新问题和一些自己的见解，这样会让孩子的思维更加活跃。

我以前跟明明妈妈说过明明不太懂表达，对待别人的“坏动作”他要不就是沉默，要不就是“动手”，不会自己“动口”辩解，那样对他的性格、智力发展都是不利的。明明现在5岁多了，明年就要上小学了，如果那时候还不会表达自己，对他的学习将是一个很大的阻碍。现在明明妈妈每天都抽时间陪孩子说话，让明明更好、更准确地表达自己。希望明明早一点学会正确的表达，那样他得到的爱将会更多。

NO.5

孩子要学会与他人交流

去年朵朵爸爸单位新来了两个大学毕业生，他们两个人是同一所大学同一个专业的同学。一年过后，朵朵爸爸对我说其中一个当了经理，另一个当了仓库保管员，我说："怎么反差这么大？他们不是同学吗？"朵朵爸爸说："是啊，当经理的那位专业技能优秀、性格活泼开朗、沟通能力很强，在单位是越做越顺，而当仓库保管员的那位，专业技能也很优秀，但是拙于言辞、性格内向，不善于与人交流沟通。现在专业技能好的人多的是，他们的岗位更看重的是与人沟通、交流的能力，所以他只能当仓库保管员了。"

这让我想起来沟通、交流对一个人来说是多么的重要。令我感到欣慰的是，朵朵从小活泼好动，她与人沟通交流倒是没有什么问题。语言是人们表达思想，进行交流和沟通的工具。孩子时期的语言发展是人生最佳时期，也是最迅速的时期。孩子获得知识技能要通过语言，养成一定的行为习惯要通过语言，与人交流更少不了语言。所以，发展孩子语言是孩子接受一切教育的基础。美国宾夕法尼亚州匹兹堡大学语言学教师斯特娜夫人坚信：婴儿期的语言教育将决定孩子一生的语言发展。按照她的说法，孩子从婴儿时期就要培养语言能力，从而培养孩子与他人良好地沟通、交流。

"对孩子的教育开始得多么早，都不会过头。"说这句话的是卡尔·威特。卡尔·威特8岁时，已先后掌握了德语、法语、意大利语、拉丁语、英语和希腊5国语言，9岁上了大学，14岁成了博士。这样一个震惊世界的神童，在他还是个婴儿的时候他的父亲就刻意地教他语言，等他大一点，他父亲又领着他去"发掘"周围的环境，不断地提高他的语言能力。

我们不要求每个孩子都像卡尔·威特那样厉害，但是通过语言表达，促进孩子的沟通能力，却是必要的。父母在培养孩子的沟通、交流能力时，一定要注意学会倾听并鼓励孩子多说。三四岁的孩子已产生了一些具有社会性的心理特征，想象力丰富，喜欢表达个人的见解和意愿。孩子的表达可能不准确，也可能是喋喋不休的，这时做父母的要以平等的朋友身份倾听，并可尝试从不同角度刺激孩子说话。尽管孩子的表达不是十分完整或不切合实际，也不要妄加制止。久而久之，孩子就会形成喜欢与大人交流的习惯。

家庭是个百宝箱，其中有数不尽的语言训练对象，居室装修、电器炊具、茶点水果、日常用品，都可用作训练孩子语言能力的素材。父母可以利用这些小东西训练孩子说话，而且孩子在训练说话时还能认识事物和数字，何乐而不为呢？我记得朵朵1岁多的时候，我们常常这样做，我指着茶几上的水果说："宝贝，你不问一下妈妈爱不爱吃水果？"朵朵就会问我："妈妈，你吃水果吗？"我说："妈妈想吃苹果，你给妈妈拿一个好不好？"朵朵就走过去拿一个苹果给我。

玩具和色彩斑斓的儿童读物是孩子们的至爱，父母放手让他去玩，去翻看，在玩乐与"读书"中，加上大人的指点，不仅能够促进孩子动手动脑能力，而且可以让孩子形成良好思维，逐步发展语言能力。父母可以让孩子邀请自己的朋友到家里来一起玩玩具、一起读书，那样他们的沟通、交流能力提升得就会更快。

学习语言的目的就在于应用，父母要有意识引导孩子说话，多和孩子交流。在茶余饭后，在家务劳动中，经常选择不同的话题引导孩子说话，一个小小提示，一张彩色图片，一段精美诗文，一个故事结局的编续，能引出孩子一大段对话。父母多和孩子说话，让孩子感到亲切、自然、随意。而谈话的内容、形式因人、因地而异，可多可少。在家庭这样轻松的环境里，孩子的话必然多一些，表达能力就会高一些，与人沟通也就好一些。

交朋友，是孩子认识社会、驱除孤独的需要。一个孩子如果不会交朋友，那么这个孩子就会变得很孤独，很难与人沟通，很难适应社会。所以，作为孩子的父母，在孩子没有朋友时，应主动地给孩子找小朋友玩。如果孩子的朋友比较多时，还要帮助孩子与小朋友处好关系。父母可以帮助孩子对其朋友做出较为理智的判断，从而指导孩子调节与朋友的友谊。如果孩子们在一起发生了争执，父母也不要大惊小怪。一般他们闹矛盾都是由于争夺一件玩具，或争论一个简单问题而引起，作为父母有时不必参与其中，让他们自己沟通解决。

日本东京有一家幼儿园，其办园宗旨很独特，既不是以教孩子识字为主，也不是教孩子唱歌跳舞为主，而是要使孩子们能够愉快地与其他小朋友在一起玩。幼儿园的老师的主要工作是教孩子在别人遇到麻烦、遇到困难的时候热心地予以支持和帮助，使孩子们具有与人沟通、交流的本领，丰富孩子们的内心。在日本，无论是幼儿园，还是中小学校，都把培养儿童这种积极地与他人进行沟通的能力和个体在集体中的协调性，视为德育教育的重要内容。日本人认为能够广交朋友，协调各种关系，才能在未来社会的激烈竞争中立于不败之地。

孩子早晚要离开父母的呵护，走向社会，走向群体，他能否被社会所接受，被群体所认可，关键的一点，那就是看他是否具备与人和睦相处、愉快合作的意识和行为。培养孩子的合作精神，并不是要求他们放弃自己的需求，而是要让他们知道，若想使整个家庭生活的秩序不被打乱，每个家庭成员的生活要求都能够在最大限度上得到满足，需要每个人都向同一方向努力。一个懂得合作精神的孩子会很快地适应工作岗位的集体操作，并发挥积极作用，而不懂得合作的孩子在生活中会遇到许多麻烦，产生更多的困难并且无所适从。

沟通，是认识他人、了解社会的桥梁，也是展示自己、表现自己的窗口，培养孩子与人沟通的能力，就等于帮助孩子搭起了融入社会、融入时代，从而步入人生，步入成功的桥梁。当前的社会是一个开放、交流的社会，大到国家往来、网上贸易，小到公关宣传、求职招聘，无一不是在交流中、沟通中完成的。如想使孩子将来走向社会能够立于不败之地，就必须在日常生活中有意识地培养他学会与人沟通、与社会沟通的能力。

NO.6

创造有时候看起来就是破坏

昨天中午我在书房写材料，朵朵和她爸爸在客厅玩积木。等我写完东西出来后发现，天啊，我们的客厅全乱套了。原来朵朵爸爸去睡觉了，留下朵朵一个人在客厅，她把所有的积木、书都竖着摆在地上。我问她："朵朵，你这是要做什么呀？"朵朵说："妈妈，电视里有个外国小朋友摆了一个好大的多米诺骨牌，我也要摆一个。"我有点无语了，后来我告诉她，人家用的是砖头而不是书和积木，书和积木大小不一样，不容易摆的。朵朵说："那我以后也用砖。"我只能再对她说多米诺骨牌现在用各种各样的材料都可以摆，只要把其中的大小、力量计算好了就可以，我答应她有时间、有机会我们就摆一个。

朵朵的破坏力很强大，她昨天的表现已经算是不错的。我记得去年她利用遥控汽车给她爸爸送水，结果半路的时候没操作好，遥控汽车撞到沙发上，一大杯水洒在地上，朵朵爸爸站起来去拿水杯的时候还踩了水摔倒了。朵朵爸爸说她的这些破坏行动其实是一种创造，她在动脑筋做一些更新、更有趣的事。

孩子都充满好奇心，对周围新鲜的事物总是表现出浓厚的兴趣，喜欢"打破砂锅问到底"。有时候，他会拆装家里的"高科技"；有时候也会提出一些"好笑"的问题；有时候会像朵朵那样把家里弄得一团糟。这些看似"顽皮"的言行举止，往往就是孩子想象力和创造力火花的闪现。

"处处是创造之地，天天是创造之时，人人是创造之人。"对于孩子来说，原先不会的现在会了，就是一种创造；别人没有想到的而孩子想到了，就是一种创造；在原先的基础上做得更好了，就是一种创造。美国有一个孩子，父母让他画太阳，他画了一个蓝太阳。爸爸问他："你怎么把太阳画成蓝色的？”孩子说：“我画的是海里的太阳。”父母说：“好极了，你太有想象力了。”美国家长这样容忍孩子“胡画”是有道理的，它可以保护孩子的想象力，激发孩子的创造力。允许孩子“破坏”“乱画”，给孩子一点“破坏度”就是对他们创造性思维、创造欲望的保护。

爱因斯坦曾说：“我没有什么特别的才能，不过喜欢寻根刨底地追究问题罢了。”有创造力的孩子喜欢追根究底，俗话说“打破砂锅问到底”。有时，父母会被他的一连串“为什么”弄得手足无措，不知如何应答，别担心，有时孩子会在父母的启发下，自己想出许多新奇的答案。美国科学家福克曼说：“固执与执著两者之间的区别非常微妙，如果你的想法成功了，每个人都说你非常执著、坚持不懈；如果你没有成功，人们就说你固执、顽固不化。”西方人认为应该允许孩子“固执”，因为那里面可能有执著，应该允许孩子“固执”，允许孩子去研究，因为那里面可能有创造。

有创造力的孩子愿意冒险，父母总是觉得这些孩子很调皮，不让人省心，需要花费更多的精力去照看和预防他们出危险。很多父母为了能让自己轻松一点，常常非常强硬地规定孩子不许这样、不准那样，如果错了，就要被惩罚。但这种约束往往难以浇灭孩子强烈的好奇心，一个不留神，他就偷偷地开始了一项危险行动。创造性人格中“敢”字很重要，敢想、敢说、敢做才会有创造。

创造需要一定的时间和空间，父母应该给孩子更多的时间和空间让他们去“淘气”，让他们自由自在地去遐想、去活动、去创造。当然，更要把事情的危险性告诉孩子，让他在创造的时候保证自己的安全，比如电插座、水沟、高墙，都不是可以创造的对象。

有创造力的孩子喜欢把自己的许多想法付诸实践，喜欢探究性地拆装东西，用实验检验自己的想法。比如：拆开玩具按自己的意愿重新组装；把面粉加上颜料当成橡皮泥，等等。很多父母认为孩子太“捣乱”了，常常用各种方式阻止孩子，甚至惩罚孩子。可是父母发现自己的惩罚很多时候都不管用，因为过不了多久，孩子又在拆玩具、玩东西，把屋子弄得一团糟。提醒父母们注意，只要孩子不是因为发泄情绪而毁坏东西，就先别忙着批评和惩罚，弄清楚背后的原因，才不会让孩子受委屈。父母更要给孩子提供宽松的环境，让孩子更安心、更开心地创造。

父母如果能及时发现和保护孩子最原始的想象力和创造力，就能使孩子的创造性得以持续和发展，让他一生都能体会到创造的快乐。创造性对孩子的成长具有非常重要的作用。而如果父母不给孩子展现自己的机会，一味地认为孩子这些行为是“破坏”，孩子可贵的创新精神就会被扼杀在萌芽状态中。孩子失去了创造的机会、条件和信心，最终会成为平庸、缺乏独立见解的人。

孩子的创造力其实就来源于生活中的“捣乱”行为，这些标志着孩子能解决一些问题、能娱乐自己，并能用他奇妙独特的方式探索世界。父母无法预知孩子在未来的道路上会面临什么样的挑战，但是有了想象力和创造力，他就能战胜一切困难。父母需要为孩子的奇思妙想进行一场保卫战，捍卫孩子的创造力，让他成为快乐的创造者和探索者，所以请允许孩子“破坏”吧，因为孩子在“破坏”的同时就是在壮大自己的创造力。

NO.7

玩是个大问题

朵朵总是和小区里的孩子一起玩，她们常常在一起做游戏。昨天她们又在楼下玩“木头人”，大家一起喊口令：“我们都是木头人，不许说话不许动，不许走路不许笑！”朵朵玩得很开心，回到家一身的汗。洗完澡，朵朵对我说：“妈妈，我们老玩这些游戏，真没意思。也不知道外国的小孩玩什么游戏呢？也跟我们一样吗？”我说：“这很简单啊，我们上网查一下。”

在网上我们查到以前成都有小学生就有朵朵这样的想法，他们的老师鼓励学生们联系外国小朋友问问看。为了找到答案，孩子们用尽各种方法联系世界各地的小朋友，比如国外的亲戚、学校的外教等。后来孩子们带回来很多信，除了英文、日文，还开始有了俄文、泰文、德文……据学校统计，孩子们收到百余封回信，它们分别来自世界17个国家，遍布五大洲。回信一共介绍了89种游戏，老师选择了约50种游戏，让孩子们一起来玩，这些游戏合作类的占了大多数，需要孩子们通过集体配合、分工协作来完成，还有不少益智类的，必须要动脑筋才能获胜。老师和同学最后的结论是：中国孩子以前玩的游戏只要跑得快、有耐力就行，但这些外国游戏却是“赢了有成就感”。由此看来对大孩子而言，各个国家的孩子都不单纯地“玩”，他们都希望通过游戏“配合”、“协作”找到“成就感”。

而对小孩子来说，玩什么样的游戏并不重要，重要的是孩子要开心。俄罗斯幼儿家庭教育的一个重要内容就是培养孩子的独立意识和克服困难的勇气，在俄罗斯父母的眼里孩子怎么玩、玩什么，是他们自己的事情，应该让他们自己决定。

小孩子在一起玩，你追我赶，打打闹闹，有的不慎跌倒了，甚至破了皮、流了血，疼得直流眼泪。中国的父母看到了，心疼得不得了，抱在怀里又哄又抹药的，可是俄罗斯的父母看见了，常常也只是察看一下伤痕，轻轻擦一下，然后就让孩子站起来继续玩，仿佛根本是不值一提的小事。

有一次到哈尔滨办事，聚会的时候俄罗斯同事带着她3岁的女儿莎莎来了，另外几个同事也带着孩子，也都不大只有4岁左右。几个孩子在一起玩，莎莎显得格外自立一些，她想玩什么就自己去拿，根本不用看她妈妈，但是她什么事都不“胡来”。几个小孩子用会场点缀的气球、鲜花做游戏，几个中国妈妈都对孩子说鲜花有刺要小心，莎莎妈妈不以为然只是笑了一笑。一会儿莎莎被花扎了手，她自己看了看，没哭，接着玩。又一会儿，她的手又被扎了，这次可能严重一点，她举着手指跑到她妈妈面前，她妈妈看了看，告诉她没有流血就没有事，她听完点点头又接着去玩了。相对于莎莎其他几个孩子有点太娇气，一会儿找爸爸一会儿找妈妈，更有甚者一个4岁多的小男孩被花扎了手，大声地喊：“我要创可贴，我要创可贴。”

我问莎莎妈妈：“莎莎真是可爱，你一直是这样管孩子的吗？”莎莎妈妈说：“孩子们的兴趣同大人的完全不一样，怎么玩、玩什么，是他们自己的事情，应该让他们自己决定。莎莎玩的时候如果受伤了，那也应该是她自己承担，父母帮助越多，孩子的独立性越差。”由于俄罗斯的孩子从小就在不受或少受父母亲干涉的宽松自由的环境下成长，从小就自己决定该做的事情，包括如何玩、玩什么，因此，他们的独立意识普遍较强，胆子较大，遇事冷静而有主见，相比同龄的中国孩子老练许多。

想一想，我们这些中国妈妈是不是帮了倒忙，毕竟对于“玩”来说，小孩子是最有发言权的人。玩，本来是孩童的天性，应该是最不用教的，但现在，怎么玩对不少孩子来说，却真成了问题。繁重的学习任务和父母对安全的担忧，将他们隔绝在了高楼里。他们不会玩应该属于自己这个年龄层次的东西，却因日复一日地困在家里，从电视、网络里，学会了不属于他们的“玩法”。如果我们的孩子也像俄罗斯的孩子那样独立，那么我们也应该放下一些顾虑、松开一下手脚，让孩子们自由自在地去玩，让他们去享受属于自己的美好童年。

“人类需要渐渐长大的儿童，揣着童心的儿童，那才是长久的、健康的、醇美无比的。”让孩子守着童心，开开心心地玩，哪怕只是玩简单的“木头人”游戏，那也会成为他们美好童年经历的一部分。

NO.8

家庭也是孩子的“玩具”

表姐去年到美国进修了一年，回来后感慨良多，她说自己应该在林林很小的时候出去，那样她可以学到很多美国人养孩子的方法。她说她在美国时，一个邻居的女儿叫玛莎，一次她过生日收到了一盒彩色蜡笔。小玛莎拿了蜡笔，就一个人玩开了。一会儿，她就把蜡笔摔得满地都是，还在大人的书上、纸上乱涂乱画，她的爸爸妈妈看了只是笑。“林林小时候这样只会换来我一顿揍，哪有这样胡来的。”她问我：“朵朵这样，你怎么办？”我说：“就算不打，也要骂一顿。”可是美国人的父母就是这样，放手让孩子自己去做。

表姐还说她看到玛莎爬沙发上的扶手，扶手很难爬，爬上去也很危险，但满屋大人只是远远地看着她爬。玛莎好不容易爬上了扶手，刚想站起来，脚下一滑，一下子头朝下，跌倒在铺有地毯的地板上，嗷嗷哭叫。玛莎的父母不但不抱起来心疼一下，反而哈哈大笑。她的妈妈走过去，鼓励她自己站起来，让她再去爬。

表姐说：“美国人主张对孩子进行宽松教育，让孩子感觉家很温馨很自由，他才会放松地玩、放松地做事，这对培养孩子的性格有好处。”我们这些中国父母是不是也让孩子在家“自由自在”的？可能我们有太多的“不”在等着孩子，“你不许把东西弄坏”，“你不许把玩具弄得到处都是”，“你不能一边玩一边吃东西”……孩子在家缩手缩脚的，什么也不能干，只能在父母的“关注”下玩，没有什么自由可言。

父母是不是应该让孩子在家里“放松”？当然，作为父母的没有更多的奢望，只求自己的孩子健康、快乐地度过每一天。营造一个温馨、和谐的家庭氛围，才能使孩子在这个家庭摇篮中健康、快乐地成长。孩子需要的不仅是物质条件，更多的是心理的需求，父母对孩子的关爱会让孩子更开心快乐。在中国很多父母的眼里，孩子不是独立的实体，而是他们的私人财产。他们对孩子有太多的约束，很少有孩子能享受到玛莎那个待遇。

心理学家称，“现在许多父母喜欢把孩子关在家里，怕把孩子弄得脏兮兮。弹玻璃球、玩沙、玩水，这些上一辈人的童年游戏都有助于培养孩子的注意力。比如，弹玻璃球，就能改善孩子的眼睛和手的协调能力，对孩子成长很有利。”如此一来，让孩子玩游戏，就算把家玩脏也没有关系，因为这是“对孩子成长很有利”。

教育家陶行知先生曾提倡：“对孩子要解放眼睛、解放头脑、解放双手、解放嘴、解放空间、解放时间。其核心就是多给孩子们一点自由，培养孩子的创造力，让孩子自由自在地成长。”对于只有朵朵那样大的小孩子来说，父母应该给他们哪些自由呢?

首先就是时间自由，让孩子有自由支配的时间，在这一时间段里，孩子随心所欲地玩耍和活动，对孩子的身心健康发展大有好处。孩子的世界不能只是学习，很多父母认为上了幼儿园就是上学了，就要不停地学东西，孩子从一个兴趣班转战到另一个特长班，每天回到家还要弹多长时间的琴，写多长时间的字，小小的孩子就没有玩的时间。让孩子有自己玩的时间，让他在家开开心心地玩，就是他最美好的童年。

其次，孩子的思想自由也很重要，不能任何事都让孩子按父母设计好的思路做下去，也要让孩子有自己的见解，培养孩子的个性，让孩子尽情发挥、创造。这样，孩子的各个方面才能得到全面发展。很多孩子都是通过玩表现出自己的个性的，不能按自己的想法去玩，这样的孩子也不会有自己学习上的想法，以后也很难有自己生活的想法。

另外，父母要让孩子自己学会照顾自己，学会独立，树立信心。这样，在学习、生活中遇到各种各样的矛盾和困难，孩子就会想办法去一个个解决它。通过他们自己不断努力，解决了一个个问题，他们也就一步步地长大、发展了。

“尽情地玩”，父母不仅给孩子玩的地方，更要有玩的时间，让孩子把家庭也当成自己的“玩具”，尽情地去折腾。在这样有阳光、有雨露的成长道路上，自由自在成长起来的孩子才会有爱心、有责任心、有信心。在家是个好孩子，在校是个好学生，将来长大也一定会是个有用的人才。

NO.9

观察是认识世界的窗户

那天朵朵、朵朵爸爸和我三个人一起从超市往家走，路边的花坛里有一群蚂蚁，朵朵蹲在地上仔细地观察着。朵朵爸爸问她："朵朵你看到了什么？"朵朵说："一只蚂蚁正背着一块面包屑慢慢地走着，突然摔了，食物滚到了一边。可能是小蚂蚁太累了，怎么也搬不动了。怎么办呢？咦，小蚂蚁怎么跑了呢？"听朵朵说得这么热闹，我和朵朵爸爸也蹲下来看，正在我们疑惑时，一群小蚂蚁赶来了。朵朵轻声地说："噢，原来那只小蚂蚁去搬'救兵'了！"这时蚂蚁们开始团团围住面包屑，动了，面包屑真的动起来了！小蚂蚁们一起搬起了这块面包屑，这支队伍浩浩荡荡向前进。

朵朵爸爸说："朵朵的观察能力真强，观察得很细心。"我高兴地说："这还不是我培养的结果！"不是我自夸，确实是这样，从朵朵很小的时候开始，我就培养她的观察能力，小区里、公园里、家里，一只小蚂蚁、一朵小花、一个小玩具，都是我们观察的对象。因为对于孩子来说，观察是认识世界的窗户，思维的触角。孩子具备良好的观察能力，就能获得更多的知识和经验，同时对于开发智力也非常重要。

孩子对认识世界有兴趣吗？要让孩子成为一个国际化的人，从观察这一点来说，就要求孩子有兴趣观察、学会观察。春天的绿芽，夏日的鲜花，秋季的果实，寒冬的落叶，这些都会引起孩子的兴趣和思考。孩子原本好奇心强，求知欲旺盛，父母应很好地利用孩子这一天性，经常带领孩子到大自然中去，让孩子在尽情地玩耍之中，观察万物的悄然变化。

同时，父母在平时要把自己的观察告诉孩子，开阔孩子的眼界。有一个夏天的下午，我们一家三口在阳台上玩积木，朵朵爸爸说："朵朵，一会儿要下雨了，我们到客厅去玩吧。”朵朵说：“现在还有太阳啊。”朵朵爸爸指着天上的云说：“‘云往东，一场空，云往西，披蓑衣。’一场空的意思就是不会有雨，而披蓑衣的意思就是要下雨了，这是你爷爷以前教爸爸的观察云的谚语。”朵朵说：“真的是这样的吗？那我们等一等看会不会下雨。”过了一会儿，果真下起雨来。朵朵爸爸说：“以后要记得多看看天上的云，如果有什么新动向就告诉爸爸。”“好的。”朵朵大声地回答，她心里肯定对她爸爸佩服得五体投地。

父母让孩子晚上观察星空，讲讲简单的星系。这样做不只使孩子从中学到知识，体验观察的乐趣，又能促使孩子多思考，从而培养和发展孩子良好的观察能力。

父母要注意，在观察前要让孩子明确观察目的，很多父母带孩子去公园，漫无目的地东张西望，转半天，回到家里，也说不清看到的事物。如果要求孩子去观察公园里的鱼，那么，就要带孩子到鱼池边，并准备足够的鱼食，让孩子仔细地看，让他详细地说出鱼的形状、颜色、眼睛的大小，等等。这样孩子就能有的放矢地去观察，从中得到更多的收获。

孩子的观察一般是毫无程序漫无目的的，父母要引导孩子如何看，先看什么，后看什么，指导孩子抓住事物的主要特征进行观察。去年带着朵朵去动物园，我们一边看我一边问她，“大象的身体大不大？”“牙长在什么地方？”“鼻子有什么特点？”朵朵经过观察都能说出来。经过父母有意识的启发，孩子才能学会正确的观察方法，孩子才会在观察过程中学会合理的观察顺序。

观察，是一项多种器官参与的活动，并不仅是用眼。父母要教给孩子用多种感觉器官参与观察活动，让孩子看一看，摸一摸，听一听，闻一闻，有时甚至要尝一尝，只有这样用多种感觉去亲自感受，才会使孩子获得更好的观察效果，留下丰富深刻的印象。

观察并不只是为了看、听、摸，更重要的是让孩子用自己的语言将自己看到、听到、感觉到的东西说出来。在观察过后，父母要求孩子口述观察结果。这样会大大促进孩子观察的积极性，并使观察过程变得更仔细更认真。这是一个训练观察能力和语言表达能力的机会，父母一定不要错过。

“这个世界很精彩！”可是精彩之处要人去发现，给孩子转述世界的美妙不如给孩子一双会观察的眼睛，让孩子用自己的方式去发掘这个世界的美好。

NO.10

真正开发孩子的特长

和朵朵一样大的乐乐上的是一所市级一类幼儿园，有一天我们在小区里玩，乐乐妈妈对我们说："幼儿园硬件、软件设施都不错，但是收费比较高。我最头疼的就是各种特长班，今天开个书法班、舞蹈班、英语班，明天开个小提琴班，后天再开个古筝班，这个幼儿园有开不完的特长班。收费很高，说是自愿报名，不强求，可大部分的孩子上了特长班，个别没有上的孩子由保育员带着做自由活动，这样孩子会怎么想？"我们也觉得幼儿园这样会给孩子造成一种不平等的心理压力，很多父母就会出于这样的考虑给孩子报特长班。乐乐妈妈苦笑着说："没办法，只好咬着牙也跟着上。特长班今天交200元，明天交300元，每月算起来特长班都得交给幼儿园2000多元。"我们都知道乐乐其实就是一个普通的孩子，他们家的经济条件虽然不错，但这样下来也是够受。

过了一段时间，又看到乐乐妈妈，她说："现在轻松了，乐乐他们幼儿园停了好几个特长班，我们乐乐也不用上那些他不感兴趣的特长班了，这几天他只学他感兴趣的轮滑。"乐乐长得敦敦实实的，又很灵活，平时就在小区里学轮滑，大家都觉得他们这个特长学得对。乐乐妈妈说："现在不要希望他学这个有什么大的出息，他高兴就行。"

晚上我回家把这些话对朵朵讲了，她说："妈妈，我不学轮滑，我想学画画，我喜欢画画。"我说："好吧，你喜欢就行，可是你要坚持画哟。"后来我也给她报了一个绘画班的特长班。

有人说，如果在一所幼儿园里问孩子，谁没上兴趣班、特长班，恐怕一个也找不着。父母对孩子该不该上各种特长班、兴趣班感到很困惑。不上吧，其他孩子都在学钢琴、学民乐、学绘画、练舞蹈、学英语……自己的孩子如果不学，万一跟不上别人怎么办？上吧，又明明看到不少孩子被父母“逼”着学，效果并不好，有这个必要吗？

其实从孩子自身发展来说，孩子尤其是学龄前孩子不宜上各种各样的特长班、兴趣班，因为这些特长班、兴趣班就是上课，这不符合学龄前孩子身心发展的需要。对于小孩子来说最重要的应该是对孩子非智力性方面即情商的发展进行培养、教育。一些幼儿园办收费的兴趣班，无形中给孩子心理造成了压力，也给父母带来经济负担，有能力上课的孩子有种骄傲感，没能力上课的孩子就有可能产生自卑心理，而这种心理对于孩子将来的发展显然是不利的。

什么是“特长”？有很多父母都不太明白，一般来讲，特长即特别需要培养的长处，比如音乐、美术、体育等等。可是，我们所认定的“特长”，在许多西方国家已被认为是适应社会发展所必备的素质。哈佛大学要求自己的学生必须具有健康的体魄，也必须会用钢琴演奏一首世界名曲。如此看来，中国父母所谓的“特长”不应是为了适应社会的一种生存技能，而应是孩子提高其他能力的一种基本素质。

父母不能依据自己的愿望盲目发展孩子的所谓“特长”，父母要弄清楚自己孩子有没有“特长”？平时爱好什么？有方向、有目标地去培养。同时父母还要记住学龄前的孩子，培养其技能不是重要的，培养爱好才是重要的，不要期望太高。孩子毕竟是孩子，对待他们不能用成年人的标准去要求，应该根据孩子的心理特点去加以引导。只有这样，才能达到所期望的效果。

很多父母是把自己的愿望附加在孩子身上，而给孩子报特长班，并不是因为孩子需要发展所谓的“特长”。上次看到一个音乐选秀节目，有个选手上场说：“我承载了我们家三代人的音乐梦想。”节目评委告诉他：“就算你承载了三代人的梦想，可是你的先天条件并不好，而且你对音乐的热情也不够。”选手告诉评委：“我想学的是会计，可是从小就被逼着学音乐，这次来参加节目也是妈妈催着来的。”后来评委说这样的选手有不少，他们从小就学音乐，但是他们并不喜欢学，资历也不够，虽然学了很多年，但是结果并不理想。所以，年轻的父母请你自己去实现自己的梦想，不要把这些强加到孩子身上。

特长教育的真正目的应该是净化心灵、陶冶情操，给孩子带来快乐和自信，让其更积极地享受生活的教育，而不应该太功利，所以父母要有一颗平常心，用正确的心态来教育、引导孩子。

总而言之，年轻的父母们不要太过于看重特长教育，让孩子在宽松、愉快的氛围中培养兴趣、学习到一定的知识，快乐地成长，这才是最重要的。

第四篇

自我成长技能的培养

身怀一技闯天涯，有了生活的技能，生活就没有问题。对于小小的孩子来说，学习专业的技能为时过早，但是基本的生存技能却是必不可少。

吃饭，周岁的孩子不会吃饭，可是长大不会就麻烦了；休息，不仅是倒头睡觉那么简单，还要会安排时间；思考，一定要先独立思考，实在想不通才能求助他人……生活中的小事，才能凸现成长技能。

在孩子走进世界之前，先要有自己的装备，这些装备都不是硬件，都是软件，需要父母不停地、慢慢地教给孩子。孩子只有具备了这些技能，才能更好地走向世界。

NO.1

自己负责，自己解决

昨天晚上，我到楼下丢垃圾，朵朵也要和我一起下去。我说："那好吧，你拿着客厅这袋垃圾。"还没有到楼下，朵朵就说："妈妈，我累了，你还是一个人下去吧，我不下去了。"我说："那可不行，你主动要求倒垃圾的，你答应的事就要负责到底。"在我的坚持下，朵朵还是和我一起下楼把垃圾放进垃圾箱。

回来的路上，我对朵朵说："朵朵，不论以后遇到什么事，也要像今天这样，只要是自己答应了的，就要负责到底。而且你现在长大了，是我们家的重要成员，你也应该承担起倒垃圾的责任。"朵朵说："那我以后就要天天倒垃圾吗？"我说："是啊，你现在是大孩子了，就是要负责一些家务，而且要用自己的方式解决，不能事事让妈妈帮忙。"朵朵叹了一口气，说："我要天天倒垃圾了。"

我们国家的孩子责任意识不是很强，并不是孩子们不好，而是父母没有在他们小时候就开始灌输这种意识。在俄罗斯为了让孩子们能主动承担起对家庭的责任，以便长大后承担起对集体、对社会的责任，俄罗斯的父母从小就有意培养孩子们的勤劳习惯。在俄罗斯的很多地方，每个社区里只设有一个垃圾站，居民是不允许在生活区里扔垃圾的，他们必须穿过十几条街道把垃圾送到垃圾站去。于是最小的孩子通常会承担起这项任务。每天吃完晚饭，孩子们会约好一起去倒垃圾，牵着小拖车三五成群地去送垃圾已经让人见怪不怪。而年龄大一点的孩子会选择为家人取饮用水，在每个取水站都能看到孩子们排着队，有说有笑非常热闹。

“要想成为集体的一员就得为集体做点什么。”俄罗斯父母总是这样教导孩子，而家庭就是第一个集体。作为父母，我们要告诉孩子每个人都要承担责任，没有责任感的人是无能的、无用的人。每一个人的责任就是从生活小事上开始的，比如为家里送垃圾。

责任心是以认识为前提的，没有是非标准，责任心就无从谈起。孩子由于年龄小，其辨别是非真假的能力、意志力、坚持力很差，责任意识尚未巩固成形，这就需要父母的引导。生活中的每一件小事都可以是引子，父母以此引导孩子负起对家庭、社会的责任。垃圾要放在设定的点、不要践踏小草、不要攀折花木，这些零星的小事都表现出一个人对社会、对自然的责任，而小孩子只要父母告诉了他，他就会严格遵守。

有一次，朵朵和爷爷一起出去玩，那天正好在下雨，花园里好多泥，回来前爷爷想着到草地上蹭一蹭，把泥蹭掉。朵朵看见了，大声地说：“爷爷，不要欺负小草，爱护小草是我们的责任。”爷爷听后赶紧跑了出来，夸朵朵是个有责任心的孩子。

“全部教育，或者说千分之九百九十九的教育都归结到榜样上，归结到父母自己的端正和完善上。”托尔斯泰的说法就是孩子们的行为标准，孩子们常常是以父母长辈的行为为标准，通过学习效仿来建立自己的责任心。父母的一言一行对孩子本身来说是一面镜子，无时不在影响着孩子。要想让孩子成长为有责任感的人，父母必须从自身日常生活的一言一行做起，父母各方面都本着负责任的态度做到问心无愧，这样言传身教，孩子自然学到了负责任懂担当。

前几天看了一篇报道，有个小伙子开车撞死了人，他的父亲带着一家老小为他还债，最后实在没有钱了就把房子卖了一家人住在山上。18年，他们一家人的想法只有一个“给死者家属更多的钱。”现在这个小伙子也已经人到中年，他的弟弟、妹妹和儿子都学会了一句话：“是人就要承担自己的责任。”他们一家人用自己的行动告诉下一辈，自己负责、自己解决。

孩子要承担自己的责任，可是有时候很多父母都替孩子着想“他才那么小，能行吗？”“他一个人做事，不会受伤吧？”就算父母有这样那样的担心，那么也请你忍住，必要的时候可以帮孩子一把，但是绝对不可以事事代劳，不然孩子的责任心、行动力就永远也培养不出来。培养孩子的责任心没有年龄要求，应该从小就开始。所以就算只有5岁，甚至更小，他们也是社会的人，父母都要培养孩子的责任心。父母不要因为孩子就放松了，从现在开始就培养孩子的责任心。

问问我们的孩子："遇到别人需要帮忙你会不会立刻'挺身而出'？""电梯里遇见不认识的邻居会不会对他微笑？""家里的垃圾是不是每天都是你去倒？"这些细节，看似不经意，实际上是孩子们在父母正确引导和长期教育下而养成的有责任心的好习惯。

NO.2

丰富孩子的生活经验

两个月前，我们在小区发现一只小小的流浪猫，猫还很小，毛都还只是黄黄的。朵朵看着它，对我说："妈妈，这只小猫好可怜啊，我们能把它带回家吗？"我想家里本来不算大，再养一只猫就挤了，但是看到朵朵心疼小猫的样子，就说："好吧，不过，你只能在阳台上养，不要把它弄到客厅或者你的卧室里去。"朵朵说："我知道了。"我们就用一个纸盒子把小猫带回了家。

回到家我才发现只让小猫待在阳台的想法太天真，它虽然小但是已经会跑动了，客厅、卧室、厨房，到处跑，还到处撒尿，弄得满屋子臭烘烘的。朵朵跟我说："妈妈，我们给小点点（小猫脑袋顶上有两个白色的点，朵朵就管它叫点点）买些猫砂吧，这样它就不会把家弄得脏脏的。"我说："你从哪里知道的？"朵朵低头说："我怕你把小猫丢出去，问田田是怎么养猫的，她告诉我的。"我们到宠物超市买了养猫的用品，包括猫食、猫砂、猫马桶，再加上我们时常训练小点点，现在小点点已经学会在阳台上处理"自己的事"，不再把家里弄得臭烘烘的了。

现在朵朵和小朋友在一起说得最多的就是她养的小点点，还时常和养动物的小朋友分享"经验"。在孩子成长的过程中，很多经验都是从实践中得来的。作为父母有必要发现生活中每一个让孩子体验、实践的机会，并充分利用它。父母要是什么都不让孩子做，事事包办，剥夺孩子锻炼的机会，那也就是让孩子失去了发现、学习的机会。

有些孩子在家里很任性，也很懒，吃饭让妈妈喂，衣服让妈妈穿，稍不如意就大哭大叫，这样到幼儿园却经常受气，不能和小朋友很好地相处，生活自理能力较差，很让别人瞧不起，这是为什么？就是因为平时父母不给孩子锻炼的机会，孩子没有生活经验，所以就连穿衣、吃饭这种小事也做不了。

那么如何丰富孩子的生活经验呢？首先父母对孩子的“爱”要适当，不要包办代替，要多给孩子提供活动的机会，让孩子自己活动，不仅让孩子学习现成的经验，重要的是放手让孩子在实践中去观察、去体验、去发现，在接受教训的同时，接受经验。

朵朵的表哥说他们班有个孩子参加了一次国际儿童夏令营，那个男孩我见过，14岁长得很结实，不仅学习好身体素质也很好。可是男孩回来后说：“我们的动手能力还是不如别的国家的孩子，他们从小就自己做事，动手能力超强。”如果不让朵朵这么大的孩子落后于其他国家的孩子，那么父母就从现在开始不要再包办孩子的事了，让他们自己动手去做吧，省得孩子学不着东西，父母还被埋怨。

要想丰富孩子的生活经验，父母对孩子就不要多加限制，但也不能放任自流，而是对孩子的要求要适当。父母教给孩子一定的生活知识和技能，多给孩子以鼓励，鼓励他们积极地去学习、去探索。要注意保持孩子良好的兴趣，教给他们的生活经验是他们能够接受的，一旦孩子掌握了，要注意强化，也就是及时地表扬鼓励，并且要持之以恒。父母会的东西并不代表孩子会，父母要鼓励孩子去做，当然，在孩子做之前可以告诉他必要的技能、方法。比如洗脸，有的父母认为太简单了，可是你要是不告诉孩子应该怎么做，孩子就会把水弄得到处都是，除了他的脸，卫生间里哪里他都洗了。

父母的说教总会让孩子烦，与其让孩子烦，不如让孩子和孩子们在一起交流、探讨，让孩子来教育孩子。要多让孩子与同伴交往，让他们从自我中心中解脱出来，走出成人的包围圈，在与同伴的交往中，在游戏中，在社会生活中不断积累接触社会的经验，依靠自己的力量去解决问题。同时，要清楚自己对集体的义务和责任，这样，才能使孩子健康成长。

父母应该把握生活中点点滴滴的机会，让孩子去学生活的经验，因势利导，创造各种环境和机会，让孩子自由摆弄各种玩具和物体，有意识地和孩子一起游戏、学习和劳动，在活动中使孩子感知各种事物。如各种蔬菜、水果、交通工具、日常用品等，给孩子更多的动手操作机会。如：搭积木、拆装玩具、饲养小动物、种植一些生长期短而变化明显的植物、剪贴、折纸、用彩泥捏小动物等；认识四季变化特征，感受大自然的千变万化，在看看、听听、尝尝、摸摸过程中积累经验，增长见识。

生活中处处是孩子学习、体验的地方，父母要把握机会，让孩子丰富自己的生活经验。孩子知道了生活中各种事物是如何发展、变化的，才会更坦然去面对、接受。

NO.3

把香蕉皮放到垃圾桶

春天带着朵朵去小公园玩，公园里很多人坐在草地上晒太阳，非常享受地吮吸着阳光，吃着零食。朵朵说她累了，想休息一会儿。我说："朵朵，你是真累了还是看到香蕉以后才累的。"朵朵有点不好意思了，说："我累了，也想吃香蕉了。"我们坐在石凳上，一边吃香蕉一边看已经变得有点绿的柳树枝。

朵朵吃完一根香蕉就说吃饱了，她说："妈妈，你别动啊，我去扔香蕉皮。"还没有等我回答，她已经往垃圾桶那边跑了。反正她在我看得到的地方，我倒是不着急。一会儿她就回来了。我说："朵朵真好，长大了，知道要把垃圾放到垃圾桶里。"朵朵说："垃圾就要放到垃圾桶里啊，妈妈你不是说乱丢香蕉皮踩到了会摔倒吗？我不让妈妈摔倒、朵朵摔倒，也不让别人摔倒。"我很高兴朵朵有环保意识了，虽然只是简单的"不想让别人摔倒"，但是已经很不错，值得鼓励了。

我们往前走，朵朵时不时地把地上的垃圾，比如食品袋、纸屑，捡起来放进垃圾桶里。朵朵说："妈妈，有垃圾桶他们为什么不往垃圾桶里放？到处都是脏东西，一点也不爱护环境。环卫叔叔打扫卫生多辛苦啊。"朵朵这么懂事，我很欣慰，可是我也不能去批评那些乱丢垃圾的人啊，只能和她一起把地上的垃圾捡到垃圾桶里去。

随着社会的发展，人们的环保意识越来越强烈，标志着人们文明程度在普遍提高。作为社会的一份子，孩子也要有环保意识。我们每天生活在自然界里，如果山变秃了，水变臭了，花不开了，鸟不叫了，那么这个世界有什么美好可言？父母要让孩子知道，只有每个人都保护环境，这个世界才会一直美好下去。

前几天电视里播出某旅游景区出现80多名韩国游客集体捡垃圾的场面，其中包括30多名儿童。此番“老外”捡垃圾的举动自然引起热议，有人直呼难堪。然而此事却提醒了我们，树立环保意识，要从我做起，从现在做起。

父母是孩子学习的第一任老师，孩子们许多行为习惯的养成，都直接来源于父母对他们的影响和教育。可是，中国的许多家长往往在自身的言行方面做得很差，无法给孩子树立一个学习的榜样。韩国游客的做法给我们这些当父母的上了一课，父母就要做好榜样作用，引导作用。

我们先来看一看外国人如何引导孩子去环保的：

英国人教育五六岁的孩子应该知道哪些是可再生制造的“环保餐具”，哪些塑料袋可能成为污染环境的“永久垃圾”。外出郊游前，孩子们会在父母指导下自制饮料，尽量少买易拉罐等现成食品。在平时孩子们注意节约用水用电，因为他们懂得“滥用资源即意味着对环境保护的侵害。”

日本人注重环保教育，日本的父母告诉孩子什么能吃，什么不能吃，什么生物应该保护它，什么动物不应该随便吃它，以此来提高孩子的环保意识。

德国孩子上幼儿园，第一周老师会教他们三件事，第一件事情是让孩子知道红灯的时候不能走；第二件事情是告诉孩子们垃圾桶是做什么用的；第三件事是遇到危险的时候怎么自救。所以在德国，3岁的孩子就知道垃圾要往垃圾桶里丢。

中国的父母除了学习国外的父母以身作则，多教育多引导孩子以外，还要让孩子从小事上做起，加深对环境、环保的认识。比方做好个人卫生、不在墙壁上乱涂乱画等等。这些看上去嗤之以鼻的“小事”，却正是对孩子环保认识的最好启蒙。父母有意识地让孩子搜集可乐瓶、废电池、旧报纸等，分类放置，养成垃圾分类处置的好习惯。

父母还可以带孩子走到大自然中，亲自动手打扫，来增强环保意识，增强对大自然的爱心。让孩子走出家门，积极参与到社区的活动中去，比方周末的时候准备好一些垃圾袋，率领孩子到社区的花园或者附近的公园，把废纸、瓶子、包装袋等渣滓搜集起来，并且告诉孩子，他还能够为环境维护做哪些工作。

孩子从小爱护环境、美化环境，是有爱心的行为，是应该支持的。父母有时间、有条件可以带着孩子走进大自然，让孩子爱护自然界的一草一木，爱护大自然的山山水水。

NO.4

让玩具有秩序地回到原位

前几天，同学艳带着她3岁的儿子悠悠到我们家玩，朵朵很喜欢肉乎乎的小弟弟，把自己所有的玩具都拿出来给他玩。悠悠和朵朵一起玩得很高兴，一会儿我把饭做好了，让两个小家伙收拾玩具准备吃饭。朵朵说：“弟弟，我们一起收拾吧！”悠悠说了句：“你是姐姐，你收拾。”说完自己洗手准备吃饭去了。艳看到玩具太多，地上沙发上到处都是，于是和朵朵一起收拾。

吃完饭，艳对我说：“悠悠每天回到家第一件事就是把自己的玩具拿出来倒在地上，他并不是都要玩，只是拿出来，然后玩一两样，玩完也不收拾，我用过很多方法都没有用，我说玩完的玩具要收拾。我还告诉他晚上你要回家，玩具晚上也要回家，他却说：‘我也不会收拾啊。’这有什么办法啊？”我只能告诉她多教一教就好了，看到悠悠挺倔强的样子，我也不知道该怎么帮这个无奈的妈妈。

下午艳和悠悠回家了，朵朵对我说：“妈妈，我不太喜欢悠悠，他不爱干净。他玩完了玩具也不收，还让我收。”我告诉她：“弟弟还小你要原谅他，等他长大了，就不会再那样做了。”一般说来，4岁以前的孩子是很难养成自觉整理收拾东西的习惯的。因为，这时孩子的脑子里还没有形成“秩序”的概念。

对于成年人来说，井井有条的环境能给生活带来舒适。但对4岁左右的孩子来讲，越是乱糟糟的环境，他们越是感到高兴和痛快。所以，对4岁以前的孩子，父母如不注意方式方法，简单地采用强制性的手段去要求孩子懂秩序，会“管理”，不仅于事无补，还会扭曲孩子的天性。心理学家研究发现，如果父母强迫孩子让自己的东西有秩序，会使孩子产生一种“强迫性神经质”，要么变得少年老成，丧失了孩子的天真活泼，要么变得犟头倔脑，对一切“指令”都表示抵触。

朵朵不喜欢不爱收拾玩具的弟弟，当然，大人也不喜欢。要让孩子成为一个受欢迎的孩子，那么就要让他成为一个爱收拾东西，知道让东西有秩序地回到原位的人。孩子爱整洁的习惯还需要从小培养，但必须注意方式方法。4岁左右的孩子虽然小，但是父母也不可以听之任之，更不能放任自流。

对4岁以前的孩子，父母应着重于逐渐地使孩子的脑子里形成“秩序”的概念。最简单有效的方法就是父母给孩子树立起爱整洁的榜样，潜移默化，感染孩子。当孩子乱翻东西或把玩具弄得找不到时，父母可以和孩子一起找，对孩子说：“你瞧，玩具找不到了，怎么办？我们一块儿找找吧！”东西找到后，再进一步地说：“玩完以后，把玩具整理好，放到一个固定的位置，下次就不会找不到了，记住了吗？”这样一来，孩子既不会排斥，又会在不知不觉中萌生“秩序”的概念，为以后的爱整洁打下基础。

有很多父母面对这样的情况轻的是不问青红皂白，一味训斥，重的是打屁股，把玩具锁起来。这样孩子的心里不但没有秩序的概念，反而会激起心理上的反抗情绪，以后父母说什么话他都不会听了。

孩子长到4岁以后，思维能力逐渐加强，开始明白了什么是“秩序”。这时，父母就可以有意识、有目的地引导教育孩子守秩序、爱整洁，由潜移默化过渡到教他们如何去做。可以为孩子准备一个专用的收纳箱，（我们家朵朵的玩具太多，她用了3个大大的收纳箱。）让孩子自己保管玩具，培养孩子的自我管理能力和责任感。父母可以每隔几天进行一次检查督促，及时提出表扬和指出不足。让孩子把自己的玩具放得整齐、保持清洁，促使孩子向好的一面发展。

父母要引导孩子爱整洁、有秩序，切不可用生硬的口气整天指责孩子，要用缓和的口气和孩子商量。“把玩具收好，赶紧睡觉去！”“你的东西收拾好了吗？来，爸爸妈妈一起检查一下。”两种语气相对而言，孩子肯定是愿意听后者。用商量的语气能激起孩子的兴趣，时间长了，孩子自然而然的就会养成爱整洁的习惯。

孩子这里收拾得不整齐，那里收拾得不好，通常来说不只是孩子一个人的原因，更多的原因是父母没有引导好孩子。父母不能因为孩子小，就事事帮孩子做，当然，也是因为孩子小，父母不能事事都让孩子独自一人做。正确的方式是父母和孩子一起做，父母教给孩子必要的方法和技能，让孩子把自己的玩具管理得有秩序，井井有条。

我的同学艳太过“勤劳”，事事为悠悠考虑周全，做得到位，以至于悠悠连玩具都不会收。希望艳能用到我说的方法，她要放开手，让悠悠自己动手，这样以后到别人家悠悠才不会因为懒于整理玩具而被小朋友讨厌。

NO.5

管理好自己的零花钱

那天同学丹对我说："我儿子要存钱买苹果手机，说他马上上小学了，一定要有自己的手机。"我问她："他哪里来那么多的钱？""他现在每天找我们要零花钱，还主动要求洗碗，不过他洗一次碗好贵哟，要一百块钱！"丹笑着说。我记得那是个不太爱说话的小男孩，两年不见，人家都懂得时尚的苹果手机，懂得洗碗挣钱，关键是懂得"理财"，会管理"自己的钱"了。

据2012年德国儿童消费分析报告显示，德国6岁至13岁儿童平均每月可以得到28欧元零花钱，比2011年多出10%。德国父母普遍认为，零用钱是孩子从父母那里获取能够满足个人愿望的唯一经济来源。让孩子学会对零用钱的支配，对他们成人以后的生活和理财十分重要。中国的父母普遍不让孩子过早地接触到钱，孩子收到压岁钱什么的，父母都"没收"，美其名曰："爸爸妈妈给你存好，以后你上大学的时候用。"孩子对金钱没有正确的观念，只认为自己在父母那里存了一笔钱，动不动就向父母要钱，这样的孩子长不大，因为他只会向父母要钱，而不会管理自己的钱。

孩子多大的时候开始给零花钱合适？很多父母认为四五岁的孩子钱多钱少都不知道，怎么给他零花钱。专家指出从年龄看，从孩子四五岁起就应该给他们零用钱，从数额上说，每周给5元较为合适，这种方式可以一直持续到孩子9岁。从孩子10岁开始，父母可以改为按月给孩子零用钱，这样有利于孩子学习对钱的支配和安排。至于零用钱的数额，父母最好参照其他相同状况的家庭，也可以了解孩子同伴的家长平均给多少。

德国的父母认为通过零用钱，孩子首先有了多、少、贵、贱的感觉，可以学会决定买哪些东西有意义，哪些实际上是没用的。在德国大多数孩子喜欢花钱买糖果、饮料和杂志，但80%的孩子仍有存钱的习惯，不会一次把钱都花光。中国的孩子因为自己没有管理过钱，不知道如何花，到了需要用钱的时候都不知道如何正确地消费。

年幼的孩子们对钱还没有完全的了解，他们只是从切身所接触到的事情来理解钱的作用，并使其形成了一些最初的价值观念。父母要教育孩子钱并不是神通，不要以为金钱能解决一切问题。有的父母习惯性地对孩子说："你知道你穿的这件衣服多少钱吗？""你知不知道，你吃这个套餐多少钱？"在孩子幼小的心灵里，认为不论什么事、什么东西衡量的标准是"值多少钱"。在这种认识的引领下，孩子可能斤斤计较，对人对事都以金钱为判断标准，渐渐地成为一个拜金主义者。

孩子会管理自己的零花钱，就会对钱有正确的认识，另外，父母要让孩子认识到劳动是取得金钱的正当渠道，不通过辛勤劳动得到的钱是不正当的，也是肮脏的。很多孩子长大了不走正路，就是因为小的时候用不正当的方式"钱来得容易"。

当父母觉得那件工作并没有超出孩子的常规工作范围，并且父母也有自己的特殊目的，不妨让孩子做点家务挣钱。比方说，如果孩子想买一个玩具但自己的钱又不够，那么父母可以安排他做一件比较难做的家务，比如擦洗自行车。需要注意的是，这件事一定要是一件他平常不做的家务。

只有有了正确的金钱观，才会更加珍惜每一分钱，也才不会有错误的思维走上歪路。父母可以给孩子零花钱，并让孩子自己管理，俗话说："当家才知柴米贵。"孩子自己管理钱才知道钱应该怎么花。这样让孩子形成正确的金钱观，有正确的理财观念。

NO.6

有的时候规矩是必不可少的

朵朵三岁的时候特别爱吃肉，不爱吃青菜。我和朵朵爸爸劝她吃青菜，告诉她吃青菜的好处，她就是咽不下去。我让她每顿饭吃至少两种蔬菜，不能只吃肉，可是朵朵一点蔬菜都不吃，每顿都只吃肉。我说："你要是不吃青菜，那么下一顿饭就别吃了。"朵朵说："不吃就不吃，我就是不爱吃青菜。"朵朵爸爸说我："你给她定那多规矩，她根本就不爱听，再说小孩子嘛本来就爱吃肉，你让她吃蔬菜，才不会吃呢。"

后来，我转变了想法，也改变了做法，经常做一些带青菜馅儿的食品，比如包子、饺子等，我和朵朵爸爸吃得津津有味，让朵朵看着眼馋，有时她会主动要求吃一些，还对我们讲道理："吃了这个菜，我就身体就健康了，没病了，还长高了。"现在朵朵一点都不挑食，每天都吃一些蔬菜，身体挺好的。

法国一位伟人的母亲曾描述她和三个儿子的关系时说："我从不严厉对待他们，但约法三章，他们必须工作、运动、对我不撒谎。"这是一位80岁的母亲和儿子们所订立的规矩，规矩言简意赅，表达了一位母亲对孩子们的期望。我们对小孩子是不是也应该把规矩定少一点？这样能使孩子长得更好。我劝朵朵吃蔬菜她不吃，制定规则她也不遵守，可是我改变了方式，并不严格要求她吃，结果她不但吃了，还主动要求吃。

随着孩子一天一天长大，他们需要理解周围世界的规则，需要别人对他的期待，孩子更想知道：我和别人怎么相处？我需要把一件事做到什么程度？如果做得过头了，会发生什么？……孩子就是这样不断地增长自己的技巧和能力，慢慢长大。这时父母需要告诉孩子一些规矩规则，或者是给孩子制定一些规矩，帮助孩子更快更好地成长。

规矩对孩子的成长，不但起着约束作用，更会使孩子得到安全感。孩子们知道按照规矩来，很多事不仅不会被父母责骂，还会保护自己的安全。比如使用饮水机，如果孩子不按父母的说法规范使用，那么孩子不仅不能让自己的水杯装上水，还会烫伤自己。

父母在为孩子制定规矩的时候，应该遵循“少而精”的原则。过马路时看红绿灯，黄灯亮了，那意味着行人可以停步，也可以不停步，有谁主动停过？这就是指示不明确的结果，行人看到红灯一般都会停，因为规矩就是：红灯停，绿灯行。所以父母给孩子立规矩时，信号要明确。如果父母的信号不明确，一心想教给孩子的东西很容易不起作用。比如很多父母早上都会对孩子说：“我要迟到了，你赶快点。” 怎么快法？什么是快？并没有对孩子表明，孩子也就不知道应该如何才能快，想来想去的更耽误时间，父母一看孩子根本就没有动，就更生气了。父母在立规矩时，需要明确地告诉孩子，这样做的后果以及操作程序，孩子在后果的指引下按程序来做，就不会有太大的错误。

随着孩子年龄的长大，他渐渐有了是非标准，明白哪些是对的，哪些是错的。只要孩子大方向没有错误，父母就应该试着放手，让他在实践中慢慢摸索真理。孩子最受不了条条框框的束缚，当然，更多的孩子还不懂事，还不会受约束。给孩子制定规矩时，父母要充分考虑孩子的年龄特点。随着他年龄的增长，规矩也要作出相应的调整，大规矩有了，小的不妨放宽松一些。

父母制定的规矩多了，孩子做事无所适从，孩子的想象力、创造力就得不到开发。这个时候，父母的信任往往比白纸黑字的“规矩”更能让孩子接受。在执行规矩时，父母也要扮演好监督和提醒的角色，不要动辄就用惩罚的措施，而是要遵循一定的灵活性。

父母是孩子的榜样，控制好情绪，端正自己的行为，这样才能成为孩子学习的榜样，在这样的引导之下孩子也才能守规矩，长得更好。父母常常告诫孩子：“照我的话去做，不过别去学我。”试想父母本身难以自律，还能成为孩子的好榜样吗？孩子还会遵守父母制定的规矩吗？很多父母缺乏起码的自制力，仪容邋遢、一塌糊涂，甚至偷懒耍滑、背信弃义。他们的生活毫无章法，却强迫孩子有条不紊地生活。孩子能听这种父母的话吗？只怕是这样变了味的话谁也听不进去，别说是小小的孩子。

最后，规矩一旦制定就要遵守，是绝对不能够打破的。很多父母“心太软”，在孩子的要求下，偶然“放宽政策”，比如，以零食代替正餐、中午看一场电视、晚睡一个小时，等等。父母认为这样会减轻孩子的压力，让他更加自觉地遵守规矩。可是，这样做的结果是什么？有的时候只要一次不守规矩就会出现问题。就像在秋天我一直不让朵朵吃冷饮，去年秋天有一次她想吃冰激凌，我对她说冷饮吃多了会不舒服，她不理解。我就依着她给买了一个冰激凌，结果当天晚上她就开始咳嗽、流鼻涕，说她“难受、不舒服”。从此以后，朵朵到天凉的时候再也不要吃什么冰激凌了。

有的时候父母会对孩子说：“下不为例。”父母认为偶尔的一次“放纵”不会养成什么坏习惯，因为在他们眼里一次不足以称为习惯，习惯是多次积累的后果。可是规矩一旦打破，以后孩子就有了效仿的依据，就不会严格遵守了。父母切不可放手让孩子亲自体会一下“放纵”的后果，因为那个后果对孩子来说是严重的、不利的。

人们常说“约法三章”，有的时候规矩并不需要太多，有就行，父母对孩子制定的规矩越多，孩子越无所适从。父母就像放风筝一样，给孩子一条线让他们自己去飞，但是无论飞得有多远，都要让孩子记得自己的家在哪里。

NO.7

奖状只是别人发出的语言

我们上次回老家，去表哥家看了看，珍珍现在上小学三年级了，虽然家里不是很富裕，但是珍珍却让表哥表嫂很开心，因为珍珍是个聪明可爱的孩子。在表哥家珍珍的奖状贴了一壁头：每学期几乎都有四五张；有体育的、有学习的、有综合素质的、有科技的、有艺术的。朵朵说："姐姐，你好厉害！"珍珍害羞地低下了头，说："我们班有个同学得的奖状更多。"

从老家回来的路上，我问朵朵："朵朵，喜欢别人给你发奖状吗？"朵朵说："喜欢，我以后也要像珍珍姐姐那样得奖状，妈妈你也给我贴在墙上，好吗？"我和朵朵爸爸笑着说："好啊，你也像珍珍姐姐那样得很多奖状。"我告诉朵朵："朵朵，奖状只是别人对你的评价，要去争取，但是不能看得太重，重要的是你自己要有自信。"朵朵看着我，问我："妈妈，什么是'自信'？我有吗？"我说："你有，你太有了。"逗得朵朵爸爸哈哈大笑。

"好孩子是夸出来的。"大家都说朵朵是个聪明乐观的孩子，我并不是时时"夸"朵朵，但是只要是她做对了的事，我肯定会夸。我觉得"夸"就是对孩子的肯定、表扬和赞美，就像自己给孩子发奖状，只不过这个奖状是有声而无形的。

在现在的社会压力下，父母都希望把最好的给孩子，也希望孩子能做到最好。父母要做的是了解孩子、发现孩子，而不是用自己的标准或者是以他人为标准去要求孩子、限制孩子。很多父母都是站在成年人的立场去看待孩子，总会发现孩子有这样那样的不足，其实，父母放下身段从孩子的角度去看，就会理解孩子的行为。

及时地肯定孩子取得的成绩，并且发自内心地表达自己的喜悦和赞扬，对孩子而言，这就是最重的自信心动力。前几天带着朵朵去公园，看到一对外国中年夫妇，带两个孩子在那里玩。小女孩三岁左右的样子，荡秋千，她的哥哥自己荡秋千玩，孩子们的妈妈坐在几丈远的长椅上看书，爸爸则自己坐在地上研究他的电脑。一会儿，那个妈妈就向孩子们喊："太棒了！""我爱你们！"孩子们被妈妈夸得特别高兴，一直在笑。我心想这也太夸张了，不就打个秋千嘛，谁家孩子不会啊，用得着这么夸张地又夸又示爱吗？我把这想法告诉朵朵爸爸，他说："在西方，也不是所有的父母都这样夸张，但有很多父母是这样的，对孩子的爱和夸奖，是大张旗鼓地，不遗余力的。你没有发现他们的孩子一般都很自信吗？"我想了一想，确实也是这样，看来我们也要学一学外国人，不要吝惜自己的语言，多对孩子进行夸奖。

父母对孩子的夸奖应该是及时的、恰当的、合理的，太过夸张的夸奖只会让孩子狂妄自大。有些孩子取得一点成绩就得意忘形，有点优点就处处展示，认为自己很了不起，给自己过高的评价，目中无人。心理学认为，盲目自信是由于我们对自己认识的过分膨胀。目空一切，心高气傲，自以为是的人，常常会让自己过分膨胀的自信冲昏头脑。"虚胖的自信"就是自高自大，它不但欺骗了自己，还常常伤害别人。父母应该认识到这种骄傲自大的心理对孩子的成长是极为不利的，如果父母对孩子的骄傲苗头置之不理，或者不能培养他们谦虚待人的品质，那对孩子的人际交往与发展都将产生巨大的阻碍。

孩子的潜意识里就是渴望把自己的成功表现给父母看，进而能得到肯定和赞美。一个赞赏的眼神，一个灿烂的笑容，一个热情的拥抱，孩子体会到的的可能就是极大的满足和动力。但是在每个人的成长过程中，犯错误都是难免的，孩子时不时地犯错误，也在情理之中。孩子犯了错误父母只去批评、去责备，无形中伤了孩子的自尊心，打击了孩子的自信心，往往适得其反。父母在孩子犯错误时，给他更多的关爱，更多的鼓励，会给孩子更多的信心。

我看到过一个妈妈，孩子刚学会走路的时候常常摔倒，每次摔倒，她就在摔倒的地方贴一个小红星，对孩子说："这个地方拌倒了宝宝，可是却让宝宝知道以后走路要更小心，所以妈妈奖励它。"每次孩子看到地上那个红红的小红星都会小心翼翼的，不会在跌倒的地方再跌第二次。那个奖励给"地"的小奖状，就是小孩子成长过程中的一个小记录牌，指引孩子从此要小心走路。

父母都希望孩子是一个快乐的孩子，有乐观积极的生活态度，有自信，有勇气面对复杂的生活环境。那么就要让孩子正视他人对他的奖励，并且不要吝惜自己的语言，鼓励孩子向前走，给孩子更多的自信。

NO.7

勇士也要学会休息

林林马上就要放暑假了，他和表姐来我们家商量暑假准备怎么过。朵朵说：“哥哥，外国学生也有暑假吗？”林林说：“应该也有吧，这么热谁愿意上学啊。”朵朵说：“那我们看看外国孩子怎么过暑假的吧。”于是两个人就在网上看外国孩子怎么过暑假，结果发现：

加拿大的孩子很多都参加夏令营，而他们的夏令营种类丰富，有划船、游泳、登山、野营，还有艺术、手工、音乐等；

美国孩子大多数在社区参加义务服务，美国12岁以上的青少年有60%以上的人参加过各种义务服务活动，如在当地的流浪者收留中心为无家可归的人做饭，或者是油漆陈旧的建筑物等；

瑞士的孩子参加政府推行的夏令营。当地有关当局推出一种夏令营全程卡或称为假期通行证，持卡的孩子可参加青少年活动中心组织的集体户外活动；

韩国小学生假期通常会由学校组织参加一些活动，离开家去一些旅游点或野外爬山、游泳，培养孩子吃苦精神；

法国很多孩子选择去图书馆、博物馆、科技馆进行参观学习，因为法国公立图书馆系统完备，各城市图书馆的借书证都能通用，这给学生带来极大的方便，随便到一个图书馆就可以阅读、借书；

日本中小学生暑假生活比较丰富，每个学生可根据自己的兴趣参加一个俱乐部。有些学生还自发组织到野外“合宿”，他们将在一周的时间内吃住在一起，活动包括泡温泉、洗海水浴和森林散步等。

林林感叹："外国孩子的暑假真好，我们却什么也玩不了。"我说："你哪里是什么也玩不了？你妈妈不是每年都带你出去玩的吗？"我告诉林林和朵朵："暑假怎么过，每个人有每个人的过法，就算这些外国孩子也各有不同的过法。怎么过不重要，重要的是在暑假里身体和心灵要得到充分的休息，调节好自己的状态。"

勇士也要学会休息，休息不是简单地躺在床上睡觉，而是用一种合理的方式让自己感到轻松。据说，爱因斯坦在研究的空闲里，经常拉小提琴，演奏乐曲，不但可以通过听音乐达到放松，还可以活动身体。

对孩子来说暑假这样的长假期是休息，平时的小空闲也是休息，父母要让孩子学会利用点滴时间适度休息。根据科学家研究：中午时分，是白天最想睡觉的时候，若能小睡一下，下午和晚上都会更有精神。所以让孩子养成中午小睡10分钟的习惯，可以换来他们晚上一个小时的好精神。孩子们在幼儿园一般由老师组织大家睡午觉，周末或假期回到家，父母就要放下手里的事陪孩子一起午休，这样才能养成好的午睡的习惯。

大自然永远是孩子最大的乐园，走进大自然孩子们不仅身心愉悦，还可以放松眼睛，保护明亮的双眼。父母有时间可以带孩子走进大自然，让孩子去呼吸新鲜的来自大自然的空气。并且户外运动有助于孩子认识周围的环境，以及训练他们的智力与判断力。

走路的时候，全身的肌肉会得到放松，也会有较舒服的感觉，这种感觉有助于记忆。所以不论是大孩子还是小孩子都可以让他多走走路，学会劳逸结合。在休息的时候，多观察大自然的事物，学会用一种轻松的状态，思考和开发自己对书本以外的认知和发现感悟能力。

人的专注力是有限的，如果长时间保持高度集中的专注，只会让人感到疲惫不堪，因此，应该给头脑一点休息的时间。父母要让孩子学会休息，用正确的、有利的方式休息。但是学习中的休息时间，尽量不要超过10分钟，因为休息太久了，惰性也就会出现，孩子接下来想再专心地做事的心情就会很难恢复。适度的休息，玩得开心，才能学得专心，做得到位。

后来，林林跟我们说整个暑假他和他妈妈会去四川玩几天，回来后去图书馆把他一直想看的几本书看了，这样也要花上一段时间，最后的几天他到郊区去玩，学一学怎么钓鱼。我说："林林，你的暑假太丰富了，我们都想变成学生。”朵朵也说要和林林哥哥一起去玩，林林说：“我要去图书馆看书，你也去吗？只怕你太小，坐不住哟。”朵朵大声地说：“我要去旅游，我要去钓鱼！”林林无奈地说：“好吧，到时候带着你吧。”

NO.8

会坐就要自己吃饭

表妹上个月带着她两岁的女儿月月来我们家，月月长得很漂亮，粉粉嫩嫩的，朵朵说："妹妹长得真白，我真想咬她一口。"吓得表妹把月月搂得紧紧的。月月挺可爱的，只是吃饭的时候太淘气，每顿饭表妹都自己给月月单独做，鸡蛋羹、疙瘩汤、小面条……孩子们能吃爱吃的东西，她都做过了。每次吃饭都是表妹给月月喂，一勺一勺地细致又有耐心。可是月月一点也不领情，不论做什么好吃的，她都不爱吃，好几次把喂进嘴里的东西吐了出来，喷表妹一身。

朵朵爸爸看到这个样子，说："表妹，你也太惯着孩子了，应该让她自己吃饭。"表妹苦笑一下，说："小时候惯出来的，现在怎么能改呢。"我说："还是你不忍心，现在改还来得及，要是这样长大了，不好好吃饭哪里来的好身体。"

我们身边像表妹这样的妈妈很多，仿佛她所有的爱，重点就体现在吃饭上，首先是让孩子多吃，不分青红皂白，使劲喂，只要孩子多吃就好。小时候一勺一勺喂，稍大之后是一筷子一筷子喂，反正要用自己的手让孩子吃饱，在中国自古如此。可能是因为中国父母讲实惠，注重孩子吃什么，吃多少，所以中国孩子长大后只会讲究自我，看重己欲。

我们小区的田田是个相对独立的孩子，很小的时候她妈妈就让她自己吃饭，培养她的独立性。田田妈妈在日本学习、工作了近十年，她说在日本一岁的孩子就开始自己吃饭，孩子不管吃成什么样子，父母根本不管。想象一下：一个刚刚一岁，刚会坐的小不点，自己挥舞着小勺，一会儿把食物往嘴里填，一会儿往头上抹，他的周围、身上，汤汤水水、一塌糊涂……这恐怕是多数中国父母都不愿看到的一个混乱局面吧，但是田田妈妈说在日本，这却是非常多见的。

田田妈妈说在日本，在很多专家组织的新妈妈学习班里，老师都要求妈妈首先摆正观念，不要怕脏和乱，只要孩子会坐或有了自己吃饭的欲望，就要将小勺交到他们手里。大人也应该在一旁与他一起吃，稍微掌握一下分寸，或者带汤水的由大人喂，比较干的由他自己吃就可以了。田田妈妈说："在日本孩子们都是这样的，他们长大了以后相对很独立自主，其实我们也要像他们一样，放开手让孩子自己吃饭，总是给孩子喂，他们就永远长不大。"

和日本父母有相同之处的是美国父母，美国父母从不硬逼孩子多吃饭，美国孩子从能够拿得动勺子那一天起，就开始自己吃饭了，即使弄得满脸满身，父母也不会去管。在美国，一家人吃饭，桌上摆几样菜，孩子喜欢吃哪样或者不喜欢吃哪样，都由自己决定。事实上，几乎所有的孩子都不喜欢吃青菜，美国孩子也是这样，有的美国父母会要求孩子吃一些，如果孩子坚持不吃，也就不吃了。

美国孩子吃饭，自己说吃饱了，就可以立即放下刀叉，甚至离开饭桌。美国父母不会在孩子说吃饱后，还连哄带骗的逼孩子多吃几口才许离桌。美国父母在吃饭这件事上的态度和作法，体现了美国儿童教育学的一个核心目标：培养孩子独立思维、独立行动的能力。

美国人爱说，犯错误是一个不可缺少的学习过程，儿童教育学对这一认识尤其重视。美国父母主张：孩子吃饭，必须自己决定喜欢吃什么，不喜欢吃什么，或者自己是否吃饱。如果明明没有吃饱，而是为了贪玩而不再吃，那么过一会儿他挨饿，就活该了，因为那是他自己的选择，他必须自己承受后果，真正尝到苦处，下一次就不会重犯。

如此一来，中国孩子和美国孩子的差别就出来了，中国孩子从小明白，大人知道的事情比小孩子多，所以时时处处要听大人话；美国孩子从小懂得，自己应该决定要什么，不要什么，是饥还是饱。中国的孩子从小明白，自己说什么也不会被信任，时时刻刻要等待大人的命令，每天都要讨好大人，不喜欢吃也说真好吃，吃饱了也说还要吃；美国孩子从小有什么说什么，不想吃就说不吃，吃饱了就说吃饱了，他们有充分的自信，也能得到父母的信任。

上次我遇一位妈妈，她的孩子8岁了，但是很不自立。这位妈妈说："她都8岁了，每顿吃饭还要说：'妈妈，帮我拿一下筷子。''妈妈，把菜往我这边放一下。'一点都不自立，以后可怎么办。"可是我看到她在报怨完了以后，又动手去给孩子做饭，甚至还会把好吃的送到孩子手上。父母在报怨的同时，不如想一想自己的行为是否让孩子自立了，如果那位妈妈让孩子自己动手，或许她就没有多少报怨的了。

吃饭，影响人的一生。中国父母是不是应该让自己的爱轻一点、淡一点？让孩子自己吃饭，就算孩子一顿两顿饭没有吃饱，又有什么关系呢，他下一顿就知道如何才能让自己吃饱了，因为吃不饱肚子饿只有他自己知道。

月月只有两岁，表妹就包办了孩子的饮食，只怕月月长大了以后表妹也会做那样的妈妈。"表妹，还是让月月自己吃饭吧，我们朵朵两岁的时候就自己用手指撮面条吃了。"我那天晚饭前这样对表妹说，她将信将疑地递给月月一把勺子，让她意想不到的是月月自己吃得很香，虽然洒出了一些，但是总的来说比她喂的时候吃得多一些。

NO.9

独立思考寻找问题的答案

每次和朵朵一起去公园，她都有十万个为什么在等着我，一会儿问："妈妈，为什么大树会长这么高？"一会儿问："妈妈，为什么蚂蚁要生活在土里，而不是树上？"一般情况下，我会让她自己想一想，她的答案更是雷人。"因为大树想看得更远，妈妈说过要想看得远就要站得高。""因为蚂蚁知道土里有土豆，树上没有，土豆是可以吃的。"对她的奇思妙想我们很多都是支持的，但是也尽量给她普及一些常识。

昨天，朵朵在回家的路上问我："妈妈，为什么会有风啊？"我说："你好好想一想啊，开动脑筋。"朵朵想了想，问我："是因为我想吃蛋糕，就有风把蛋糕店的气味吹了过来。"我说："呵，你是想吃蛋糕了？这个理由不算，重新想一想，妈妈以前告诉给你空中充满的是空气啊，风与空气有关。"朵朵又想了想说："妈妈，是这里的空气没有了，那里的空气还多，风就把那里的空气送过来吗？"我说："想得有些对了，我们回家看书就知道了。"回家后我们一起研究了风的形成，朵朵大声地说："原来风就是这样形成的啊，明天我就告诉小朋友们去。"

思考，是智慧的源泉。现在的孩子实在是太不爱独立思考了，每次遇到难题的时候，总是想都不想就跑去问别人，然后就按别人的做法做，也不考虑为什么要这么做。一个人如果不会独立思考，即使成绩优异，走向社会，也永远只能走在别人后面，依靠着别人做事。父母要让孩子养成独立思考的习惯与能力，这样就可以不断解开疑团，激发灵感，从而有所发现，有所创造。

伟大的物理学家爱因斯坦说："学会独立思考和独立判断比获得知识更重

要。”他还说：“不下决心培养思考习惯的人，便失去了生活的最大乐趣。”然而中国的孩子太缺少独立思考的能力了，当然他们也很少体会到独立思考带来的乐趣。中国很多父母把孩子的一切事情都安排得十分妥帖周到，从来就没有什么事需要孩子自己去考虑、去想办法、去解决、去处理，长此以往，孩子的思考能力被扼杀，就更谈不上解决问题的能力了。

我曾经看过一个访谈，在美国一所大学教数学的教授曾表示，他带的中国学生都非常勤奋，专业课的学习普遍要比美国学生优秀。但是，在写论文的时候，中国学生与美国学生就显示出了不同的能力。给中国学生出一个题，他可以做得非常好，但你要让他自己设想一个题目，却非常困难，而美国学生则恰恰相反。

中国父母如何培养孩子的独立思考能力呢？培养孩子独立思考越早越好，小孩子往往有千奇百怪的想法，父母要引导孩子自己去思考，自己去寻找问题的答案。父母不要阻止孩子探索性的行为活动。如孩子为了看个究竟，拆卸了玩具或物品，父母不要生气、谴责。

父母要培养孩子“打破砂锅问到底”的习惯，鼓励孩子凡事常问个“为什么”。父母要清楚只有不停地思考的人才会有问题，研究发现，问题提得好，不仅决定着思维水平处于一个较高的层次，使人想得深、想得远，而且还极有助于问题的解决。所以无论是带孩子去博物馆，还是陪他看书、看电影，父母都可以让孩子问问题，启发孩子进行思考。父母要促使他们敢于“标新立异”而不落俗套，特别是父母应鼓励孩子对一些司空见惯的事物进行质疑。

父母对孩子的提问努力表现出兴趣，与孩子一起去思考，去寻求未知的答案，孩子提出问题的欲望就会不断增强。倾听孩子有意义的“瞎说”，允许孩子有“稀奇古怪”的想法。同时，父母要不厌其烦地给予讲解，有些问题如果父母不太明白也可以向他人求助，父母切不可因为自己也不懂，就不让孩子问，或是漠然对待孩子的问题。

孩子有独立思考的能力，以后才会有独立生活的能力，以后面对任何问题才能用自己的能力找到答案。所以父母应引导孩子独立思考，孩子找出正确的原因后，父母可进一步启发他，提出一些解决问题的方案，并要求他逐一分析各种方案的优劣，经过比较后做出最佳抉择。

父母在期望孩子创造之前，必须通过一些方法把孩子的独立思考能力还给他们。那次我们出去玩，快出城的时候遇到交通堵塞，朵朵说："要是我们坐的是带翅膀的汽车就好了。"朵朵爸爸说："那你好好想一想，要是坐上这种汽车我们怎么飞出城啊。"朵朵在那里天马行空地描述会飞的汽车如何如何飞越城市上空，朵朵爸爸在旁边添油加醋，我们都陶醉在他俩的描述中，一会儿交通拥堵缓解了，我们很快就到达了目的地。我们都说要感谢朵朵这个创造性的想法，让我们忘记了堵车的烦恼。

NO.10

孩子盲目听话不是好事

前天带着朵朵到小公园玩，朵朵认识了一个新小朋友名叫成成，成成今年也5岁了，是旁边小区的。朵朵和成成一起玩我们带去的沙包，成成以前好像没有玩过这个，朵朵一边给她讲规则一边示范给她，不一会儿两个人就玩得挺好的。

朵朵和成成玩得正高兴呢，成成的妈妈让成成回家，成成说：“妈妈，我还想和朵朵玩一会儿，等会儿再回家，好吗？”成成妈妈说：“你这孩子怎么不听话呢？妈妈让你回家你就要回家。”成成看了看朵朵，又看了看她妈妈，最后决定和她妈妈一起回家。

这两天，我一直都忘不了成成最后看朵朵的眼神，她是多想和小朋友在一起玩啊，可是她妈妈让她听话，她只能和妈妈一起走。这让我想起来一个新妈妈问我的问题：孩子是听话好还是不听话好？

听话与不听话，怎么区分好与不好呢？我想说孩子盲目听话不是好事。太“听话”的孩子走上社会后，就很容易被花言巧语所欺骗，造成办事能力的不足。父母不应该纠结于孩子听不听话，而是应该转变自己的理念，这样父母才会觉得孩子“省心”，当然孩子也会觉得轻松很多。

一位幼儿教育专家到国外看到在幼儿园里国外的老师是如何引导孩子的，一个孩子用蓝色笔画了一个“大苹果”，老师不但不纠正孩子，反而走过去说：“嗯，画得好！”孩子高兴极了。这时中国专家问那位老师：“他用蓝色画苹果，明明是错的，你怎么不纠正？”老师说：“我为什么要纠正呢？也许他以后真的能培育出蓝色的苹果呢！”教育专家这才感叹我们的创造力比不上人家，原来问题就出在小时候我们给了孩子太多的约束，让孩子太听话了。

其实外国教师或家长这样容忍孩子“不听话”是有道理的，它可以保护孩子的想像力，激发孩子的创造力。孩子们看到的世界是独特的，他们的想象力是很丰富的。如果我们用成人的思维方式对他们粗暴地干涉，就会扼杀他们的想象力和创造力。

中国父母很喜欢“乖孩子”，只要孩子有异样的想法，父母就会责怪孩子“你怎么这么不听话。”“再不听话，爸爸妈妈就不爱你啦。”总之父母会用自己的方法让孩子“听话”。那么听话的乖孩子好不好呢？著名的德国心理学家海查曾做过如下的实验：他对2～5岁时有强烈反抗倾向的100名儿童与没有这种倾向的100名儿童跟踪观察到青年期。结果发现前者有84%的人意志坚强，有主见，有独立分析、判断事物和做出决定的能力。而后者仅有26%的人意志坚强，其余的人遇事不能做决定，不能独立承担责任。

综合来看，“乖孩子”真正成为社会精英、业界尖子的不多，他们大多在一般劳动岗位上工作。当然，并不是说“不听话”的孩子就一定聪明，出尖子。只是说“不听话”的孩子从小就有自己的想法，长大了更有主见，生活适应能力更强，同样也更能为自己打下一片天地。

孩子的“听话”应体现在生活规矩、行为道德上，允许孩子“不听话”指的主要是思维上的“不听话”，行为上的胡来，父母是应该严加管教的。父母要区分孩子是鬼主意多还是蛮干、胡来，如果事事放纵或者事事管束，对孩子的成长都是不利的。

童话大王郑渊洁说他从来没有对自己的孩子高声说过一句话，也从来没有说过“你要听话”这样的话，郑渊洁觉得“把孩子往听话了培养那不是培养奴才吗？”而心理学家研究发现，3岁的孩子不反抗，就不是正常孩子，即使五六岁的孩子，他们的反抗行为也是很明显的。所以小孩子“不听话”，父母也不要生气，这只能说明这是孩子的天性而已。当孩子出鬼主意时，父母可以与孩子一起挖掘更多的乐趣，引导他们应用在实际生活上，把孩子的思维更深层次地挖掘出来。

父母要给孩子一个宽松的环境，让孩子有自己的思考，并且对所有值得他怀疑的问题，都可以无所畏惧地说出来。假如孩子面对的是一个严厉的环境，一对严厉的父母，他还会“无所畏惧”吗？只怕是什么也不敢说，什么也不敢想，只会一味地听从于父母。

父母培养的应该是一个不盲目听话的孩子，父母只要从小告诉孩子做事的原则、标准，在这样的原则、标准下，孩子知道什么可以接受，什么应该反对。相当于父母交给孩子一把尺子，什么事怎么做，做到一个什么度是好，就让孩子自己去量、自己去把握，父母对孩子不是不管，而是怎样合理地管，只有做到合理，孩子才会在合理的范围内“听话”，也会在合理的尺度内“不听话”。

NO.11

关键时刻学会自救

昨天晚上和朵朵一起看电视，有一则新闻吸引了我们，说是有个5岁的小男孩被人贩子拉走了，当前来买他的人问他多大时，小男孩坚持说自己7岁了，对方都认为太大了，都不愿意要他，最后人贩子只好放他走。我问朵朵："那个小朋友聪明吗？"朵朵说："他可真聪明。"我说："他重要的不是聪明，而是学会了自救，如果他不那样说，真被卖到外地了，这一辈子他就再难见到他的家人了。"

作为父母我们要教孩子学会自救，在关键时刻只有自己救自己才是最好的。"发现失火怎么办？""看见小伙伴触电了怎么办？""迷路了怎么办？""食物卡住喉咙怎么办？"……孩子遇到这些问题怎么办？俗话说"不怕一万，只怕万一。"万一遇到了，提前教会孩子的自救知识就是孩子的救命稻草。

德国有一份重要报告《给儿童更多安全》中指出，在德国每年会有180万儿童出现事故，但是发生事故的多是那些不经常运动的儿童。因为不经常运动，孩子缺少经验、力量和技巧，一碰到什么事当然就容易受伤。体育锻炼可以改善神经系统对肌肉的控制能力，使人体的反应速度、准确性和集体协调能力得到提高。父母要想孩子在关键时刻有自救的能力，那么就应该让孩子加强体育锻炼，提升自身的能力。

意外往往不在人们的想象之中，父母不要把孩子的安全课只局限在家里，当孩子外出的时候，在KFC或者麦当劳游戏的时候，或者去公园的时候，父母可以适时地对孩子进行安全教育，还可以掌握一些公共规则，如：要遵守次序、要排队等候、小朋友要轮流玩游戏等等。时时给孩子敲警钟，让孩子关注自身的安危。

父母要教育孩子敢于求助，孩子体力少，生活经验不足，适应环境能力差，遇到险情时身心难以应付，所以求助是孩子自护的最好方法。许多小孩子遇到困难只会哭泣、发脾气，遇到陌生人非难时就惊恐失措，连呼喊求助的胆量都没有。父母传授孩子求助技能第一个方面就是让孩子“敢”，敢于求助。中班以上的孩子要学会拨通自己家及父母工作单位的电话，并且知道110、119、120等呼救电话的含义。

父母要教会孩子正确的表达，很多小孩子在遇到困难需要帮助时，往往说不清楚事情的经过。父母不仅要让孩子敢于求助，更要正确地求助，让孩子用适当、正确的语言表达自己的意愿。父母平时要求孩子讲清楚一件事的内容、地点、事件，讲清请别人帮什么忙等。

孩子对自身痛苦的记忆是最深刻的，如果孩子有受伤的体验，当见到别的小朋友摔倒、受伤时，他就能把自己的痛苦记忆类推到他人身上。父母可以让孩子进行一些体验，这样有助于孩子正解自我保护的意义，平时也可以和孩子一起做一些自护实验，如怎样灭火、怎样防地震、流血了怎么办等。

父母要有忧患意识，在平时可以多问孩子一些安全问题，通过一问一答的游戏方式，使孩子碰到这些问题就知道怎么办，同时也培养了孩子的思维能力。也可采用孩子们最喜欢看的卡通片形式，把碰到突发事件怎么进行科学自救自护的科普片的方式形象地告诉孩子。

自救自护技能的培养需要训练，父母根据孩子好动的天性，结合游戏和开展有针对性的自救自护演习、训练，让孩子在游戏、演习中认识危险、意外，接受自救自护训练和培养处变不惊的能力，这是任何书本和电视都难以做到的。

父母在教育和训练中，还要掌握孩子的心理特点，尤其全家人对孩子的要求和教育方法必须一致，否则会造成孩子心理紊乱。1岁半至2、3岁的孩子，常表现一定的抵抗性，喜欢说“不”，对此应采取策略，凡事必须正面诱导，向小儿提出明确要求，并指出为什么要这样做，为什么不能那样做。

孩子喜欢学榜样，模仿性极强，因此在睡眠、遵守交通规则等生活习惯上，父母应做出良好榜样，并鼓励孩子之间相互学习，养成良好习惯，改正缺点。

作为父母，我们经常认为孩子年龄小，阅历浅，什么都不懂。生怕孩子受到伤害，对孩子反复叮嘱，不能干这个、不能干那个，不能吃这个、不能吃那个，恨不能将孩子装进一个铜墙铁壁的堡垒里，使之不受任何伤害。可是世界并不因为父母的保护而不降临危险给孩子，所以父母最好的保护孩子的方法就是教给他自我保护、自我救护的知识，让孩子在关键的时刻学会自救。

第五篇

让“EQ”培养登堂入室

自信、乐观、幽默、站在别人的角度想问题、做事不怕难……这些都是多么符合父母想法的啊，如果附加在自己孩子身上，父母又会多么兴奋。这些都是EQ的范围，即都是情商的范畴，父母只有让“EQ”培养登堂入室，孩子才会有那些美好的特质。

为孩子的健康成长，更好地与国际接轨，那么，父母首先要关注孩子的心理素质培养，提升孩子的EQ。

情商是一种能力，一种创造，又是一种技巧。既然是技巧就有规律可循，就能掌握，就能熟能生巧。只要父母多点勇气，多点机智，多点磨炼，多点感情投资，孩子以后也会像“情商高手”一样，营造一个有利于自己生存的宽松环境，建立一个属于自己的交际圈，创造一个更能发挥自己才能的空间。

NO.1

好奇让孩子的眼界更宽

朵朵两岁开始就是个“好奇宝宝”，无论碰到什么，都会问“这是什么呀，那是什么呀？”她的问题非常简单，基本不会出现回答不上的情况，可是她喜欢不停的重复，明知故问，开口就问，反复地问，问得朵朵爸爸直呼“救命啊！”直到现在朵朵还是处处充满了好奇心，见到什么都要看一看，问一问为什么。

前天我和朵朵爸爸带着朵朵去动物园，在熊猫馆朵朵指着大熊猫说：“妈妈，熊猫这么大它吃什么啊？朵朵吃的饼干可以给它吃吗？”我说：“不能随便给熊猫喂吃的，要不等我们观察一会儿你就知道它吃什么了。”我们在熊猫馆看了近一个小时，朵朵告诉我们：“爸爸妈妈，我知道了，熊猫最喜欢吃竹子，它可以吃很多的竹子，熊猫还喜欢爬树，喜欢睡觉，喜欢翻跟斗。我觉得熊猫睡觉的样子很可爱，它翻跟斗的时候就像皮球一样在地上滚来滚去……”朵朵喋喋不休地说着，我和朵朵爸爸相视一笑，我们知道在她小小的心里已经知道熊猫是个什么样的动物了。

好奇心每个孩子都有，好奇心让孩子对外部世界和世间万物充满了兴趣，这也是成就一个优秀孩子的最基本的条件。“树为什么会长叶子？”“小鸟为什么会飞？”“天空为什么是蓝色的？”“太阳为什么会升起和落下？”……在孩子的眼睛里，世界是奇妙无比的，他们对每一件“不可思议”的事物都会产生强烈的好奇心，想将它们弄明白，这就是求知欲。

激发孩子的好奇心，是让孩子轻松接受新鲜事物和学习新知识的一种不可缺少的方法手段！在日常生活中孩子容易对新鲜事物或事件产生好奇心，从而激发孩子学习新鲜事物的兴趣。对新知识的接受能力也会随着好奇心的强弱而改变，好奇心越强接受新知识的速度就会越快。

父母爱孩子就要保护孩子的好奇心，孩子只有一次次地好奇下去，才会有无限的创造力。爱迪生5岁那年，有一天看到母鸡孵蛋，就连蹦带跳地跑去问妈妈："妈妈，母鸡为什么要坐在鸡蛋上面？"妈妈回答道："这是母鸡在孵小鸡。"当天下午，爱迪生突然不见了，他的爸爸妈妈到处找他，最后在鸡窝里找到他，当时他正脱了裤子坐在鸡蛋上面，模仿母鸡的样子孵小鸡呢。爱迪生的妈妈并没有因这件事责怪和取笑他，而是给他讲道理，保护了他的好奇心。后来爱迪生不仅接受新鲜事物的能力特别快，还发明了很多东西，他的妈妈在爱护孩子的好奇心上，给父母做出了榜样。

好奇心是孩子创造性思维的原动力，思维一般是从新奇事物开始的，对许多事物都充满兴趣，创造能力开始萌发和发展。孩子把小椅子摆成了个圆就能想象是小猫的家；用积木能搭出天安门、中国馆等各种各样的东西。瓦特小时候思索"水开了壶盖为什么会跳动"，从而发明了蒸汽机；牛顿思索想象"苹果为什么会落到地上"，从而发现了"万有引力定律"等等，好奇心是思维的动力，也是思索的"火箭头"。在好奇心的推动下孩子的创造性思维开始崭露头角，想象无拘无束。

孩子在产生好奇心的同时，也会思考自己将来会成为哪一方面的人，会模仿自己喜欢的社会角色。在幼儿园的"过家家"中，孩子会对自己比较亲密的人的职业比较感兴趣，对这个职业实际工作有着很强的好奇心。满足好奇心可以使孩子更加确定自己喜欢什么，这样他就会对今后的生活更加自信独立。

好奇心是小孩子身上的一种强大而可靠力量，父母的主要责任是保护孩子安全，而不是抑制孩子的这种探求精神。那么父母如何开发和保护孩子的好奇心呢？让孩子做他感兴趣的事情，鼓励他把玩具拆开来看看，用混合颜料去画画，在水中扑腾戏水，去森林探险。父母不可以挫伤孩子的兴趣，而是要用正确的态度，认真、热情、耐心地对待孩子对感兴趣的事物所提出的问题。指引孩子去做自己感兴趣的事，这样可以让他感受到父母对其好奇心的肯定与支持，有利于孩子好奇心的继续发展。

给孩子留下想象的空间，让他的好奇心无限扩大。好奇心是创造过程的基础，好奇心愈强，人生就愈有创造性。如果孩子所面对的事物没有想象的空间，那么他的好奇心就没有产生的基础。孩子们为什么对恐龙很好奇，就是因为生活中没有恐龙，他们看不到摸不着，有足够大的想象空间，所以他们的好奇心是永远存在的。

父母要容忍孩子的好奇，如果你不得不去清理他用乱涂乱画留下的水迹；整理他弄得一塌糊涂的积木大厦；修理他拆得七零八落的小电器……请不要生气，转变一下想法，孩子在做这些事的时候，他的好奇心满足了，学习或认识了一项新事物，从中得到了很大的乐趣，这样，作为父母你还会生气吗？父母的包容与支持是孩子好奇心生长的最佳港湾，所以请父母不要过多干预孩子在好奇心驱使下的创造。

著名科学家贝弗里奇曾说："科学家的好奇心通常表现为探索他所注意到的，这种强烈愿望可被视为成人型的或升华了的好奇心，所以好奇心是长久以来构成智慧的一项重要特征。"每个人在成长的过程中看到自己不了解的事物都想探个究竟，小的时候更是这样，孩子会对自己所看到的一切感到惊奇。父母都希望自己的孩子在未来的人生舞台上做一颗明亮的星，那么就让他好奇下去吧，因为一个不热爱生活、对周围的一切都漠然置之的人是不会拥有一颗好奇之心的。

NO.2

挫折让孩子更坚强

六一儿童节前幼儿园组织小朋友排练节目，朵朵参演一个舞蹈，还是领舞，每天回到家都喜滋滋地练习。

昨天，朵朵从幼儿园里出来就很不高兴，我问她是怎么回事，她说：“妈妈，我今天跳舞的时候不小心摔了一跤，我都出这么大丑了，以后老师还会让我领舞吗？要是不领舞我还参加这个舞蹈吗？”我告诉她：“你们排练的时间很长了，你也跳得很好，每个人都会摔跤，何况你又不是故意的，老师不会不让你领舞的。今天老师说你了吗？告诉你不去领舞了吗？”朵朵嘟着嘴说：“老师没有说我，只是让我以后小心，说上了舞台要这样就麻烦了。”我呵呵一乐，说：“这不得了吗，老师又没有说过不让你领舞，她还鼓励你。朵朵，妈妈还告诉你一句话，就算不能领舞也没有什么大不了，我们要学会勇敢、坚强地面对一切，不论是不是领舞，你都要好好跳这个舞蹈，知道吗？”朵朵小声地说：“妈妈，我知道了，我一定好好跳。”

在六一儿童节表演的时候，朵朵还是领舞，她跳得很棒，不但没有摔跤还领着小朋友们把节目完成地很好，我和朵朵爸爸都对她竖起了大拇指。

孩子遇到挫折了，怎么办？朵朵遇到困难、遇到挫折，我会帮助她解开心结，让她积极地去参加节目，而别的父母做到了吗？现在，不少独生子女的父母只重视孩子的学习成绩、衣、食、住等，而忽视了孩子的独立生活能力、吃苦耐劳和向困难挑战的精神，而这些“精神上的东西”，正是适应社会高速发展，适应国际化所必须的。

我们国家已经在提倡挫折教育，主要是利用和创设某种情景条件，提出某种难题，启发和促进孩子动手动脑来解决问题，使他们养成乐于尝试，勇于克服困难，敢于经受挫折的习惯，从而引导孩子逐步摆脱依赖，形成对环境的适应能力和对挫折的承受能力。这种教育理念很好，可是应用得不多，让我们看看挫折教育在国外是如何被应用的吧。

瑞士虽然是世界上最富裕的国家之一，但瑞士的父母们绝对不让自己的孩子养尊处优，他们很注重培养孩子的自立能力。瑞士挫折教育注重培养孩子的自立能力，锻炼他们的劳动能力和独立生存能力，以免长大后成为不能独立生活的无能之辈。

美国的父母们常说，只要有利于培养孩子谋生的能力，让他们吃再多的苦也值得。美国挫折教育的重点是认识劳动的价值，美国中学生的口号是："要花钱，自己挣！"不管家里多么富有，孩子一般12岁以后就得给家里做家务，如剪草、送报等。

德国的父母们从来不包办孩子的事情，他们将子女视为独立的个体，给他们足够的空间，让子女学习作为独立的人应该做的事情。德国挫折教育的重点是让子女学习应该做的事，在德国1岁的时候父母就会鼓励他们自己捧着奶瓶喝牛奶。德国人常说让孩子遭遇挫折，让孩子懂得，一个人走向社会，最终要靠自己，靠自立和自强，要对自己负责。

日本挫折教育的重点是让孩子从小吃"苦"，在日本，每到冬天，他们就让孩子赤身裸体地在风雪中摸爬滚打。天寒地冻，北风怒吼，不少孩子嘴唇冻得发紫，浑身发抖，父母们则站在一旁，置之不理。

俄罗斯挫折教育的重点是注重培养孩子的独立意识，漫步在俄罗斯的街头和广场，无论是在莫斯科、圣彼得堡，还是在海参崴，都难得见到大人抱孩子或背孩子。在大街上，在台阶下，经常见到一些两三岁的小娃娃走不稳摔倒了，甚至跌得眼泪汪汪。而他们的父母亲，却连拉都不拉一把，只是停下脚步，鼓励他们自己爬起来，继续往前走。

中国现在的孩子大多数是独生子女，父母给孩子过多过细的照顾保护，造成孩子依赖性强，自觉性和独立性差。中国的父母在教育观念上存在偏差，很多父母都"重智育、轻德育，重知识技能的传授，轻能力的培养。"对孩子应付挫折的能力培养未能给予足够的重视，所以我们国家的孩子应付挫折能力普遍较差。

“你遇到失败打击能顶得住吗？”有关专家就这一问题在北京进行了问卷调查，结果31.2%的孩子回答：“自己承受挫折的能力不强。”“没有受过失败的打击和锻炼。”有5.5%的孩子说：“顶不住失败的打击。”“遇到失败我束手无策。”“挫折”真的让我们的孩子如此“束手无策”吗？

失败和挫折是每个人必须要经历的一件事，不经历挫折与失败，就不会产生成就感。生活中，挫折无处不在，可以说挫折伴随着孩子成长的每一步。有意识地让孩子受点“苦和累”、“受点挫折”，尝试一点点生活的磨难，使孩子明白人人都可能遇到困难和挫折，而困难和挫折是可以克服的，让孩子在成就感的驱使下敢于面对困难、挫折，正视挫折并提高克服困难的能力。

对于挫折教育，可能专业的幼儿老师更有一套，可是父母是陪伴孩子最多的人，父母更需要培养孩子如何面对挫折。那么，父母如何培养孩子应付挫折的能力呢？当孩子遇到挫折时，父母应当及时去关心和鼓励孩子，给孩子安慰、鼓励和必要的帮助，使孩子不会感到孤独无助。“虽然你没有成功，但妈妈要表扬你，因为你很有勇气。”“一定要相信自己，爸爸妈妈相信你能行。”这样肯定、鼓励的话，会让孩子意识到自己完全不必害怕失败，要勇敢地向前走。但是父母尽量不要说什么“不要再试了，再试也没有用的。”“做不好就别做了。”这样消极否定的评价，只会强化孩子的不自信和失败感。

作为孩子，易受情绪等因素的影响，在碰到困难和失败时，他们往往会产生消极情绪，不能以正确的态度对待失败和挫折。这时父母要及时鼓励孩子，引导孩子重新鼓起勇气大胆自信地再次尝试。“失败并不可怕，你只要勇敢，一定能做好的。”如此一来，就能慢慢培养出孩子对待挫折的正确态度。

父母要让孩子走出大人的“保护圈”，放开手脚不要怕孩子摔着、碰着、饿着、累着，孩子摔倒了，鼓励他自己爬起来。孩子的事情让他自己做，自己能解决的问题父母不要去帮忙，父母应该提供让孩子锻炼的机会，并且改变原来的教养态度。其实，作为父母，有时让孩子体验一点失败的滋味未尝不是好事，可借机培养孩子克服困难的勇气。

有的父母总怕孩子受委屈，即使孩子做错事，也从不说孩子的不是，久而久之，使孩子养成了只听得进赞扬的话，而不能接受批评的坏习惯。父母应该让孩子适当受一点批评，让孩子认识到每个人都有缺点，同时还要让孩子懂得有了缺点并不可怕，改正了就是好孩子。

正视挫折，承认失败，帮助孩子拥有一颗平常心，那么孩子就会以坦然的心态面对荣辱，具有勇于竞争、战胜困难的信心。父母能帮助孩子什么？衣食住行都可以，但是父母能帮助孩子打败挫折感吗？要让孩子有坚强的心，勇敢面对生活中的种种挫折，更快更好地成长，那么父母就要引导孩子去实践、去打败挫折。

NO.3

坚持可以让激情长久一点

今天朵朵又去学钢琴了，回家的路上，她告诉我：“妈妈，今天丁丁没有来上钢琴课，老师说她以后也不会来了。”看来，又有一个退学的，从朵朵学钢琴以来，她们班陆陆续续有好几个小孩子退学。我记得当时报名的时候，小朋友们都很积极，今天退学的丁丁当时最积极，一个劲儿地让她妈妈给她报名。可是这才几个月啊，她就放弃了。

前段时间看到丁丁的妈妈，她还对我说如何才能让丁丁更有兴趣学钢琴，因为那几次去学琴都是她妈妈“逼”着她去的。

丁丁的激情能不能长久一点？朵朵她们的钢琴老师说丁丁这样的孩子很多，甚至还有孩子嚷嚷着要学钢琴，可是学一堂课就不学了的。朵朵幼儿园老师说现在大班了，上课的时间相对长一点，可是每次上一会儿课就有一些注意力不集中，走神的孩子，要么用手指戳戳身边的同学，要么摆弄自己的文具，要么就是盯着窗外发呆。

怎么才能让孩子专注？怎么才能让孩子的激情长久一点？兴趣是最好的老师，只有自己感兴趣的事，才会全身心的投入，积极主动地而且心情愉快地去学习，不会觉得是负担，使大脑皮层在学习时高度兴奋。父母要想孩子学习、做事的热情长久一点，那么就让他做自己感兴趣的事，很多平时调皮捣蛋的孩子在做自己喜欢的事时，都能真正的安静下来，持续很长一段时间。

父母要给孩子创设一个安静的环境，在孩子专注于做某件事时，避免打断干扰他。很多父母习惯守着孩子，看他玩、看他写作业，不断响起的电话铃声，嘈杂的电视声，燥人的音乐声，让孩子根本不可能专心做事，哪里来的持久的热情？

父母给孩子提出具体要求，做事目的明确。朵朵自己在电脑上识字时，我给她规定任务：认识5个字就算完成任务，如果她自己感觉已经完成任务时，可以让我来检测一下。合格后可以自由安排做自己喜欢的事，比如看个20多分钟的动画片。

成大事者，静如处子，动如脱兔。如果连冷板凳都坐不住，何谈其他？话题又回到孩子如何保持学钢琴的热情，朵朵的钢琴老师张老师在上大学时曾经作为交换生在美国学习一年，她说在美国孩子们当中也有刚开始学习一项才艺时，有很浓的兴趣，但是学到后面就放弃了的。在美国，在为孩子选择才艺班的时候，父母都会考虑：自己孩子的个性特质适合上这种才艺课吗？有这方面的天分吗？另外美国父母还会征求孩子的意见，确认孩子是不是真的有兴趣？上课开心、有自信、有成就感吗？还是一直很排斥、觉得很受挫折？如果父母和孩子都觉得喜欢这项才艺，就会让孩子去学。

张老师说："中国半数以上父母自行决定让孩子上什么，很少问孩子意见，或和他们讨论。这种情况下孩子能有多久的热情？能够学习一段时间就算不错的了。"想一想身边的那些年轻的父母，确实很多都是这样，朵朵都说她们班就有好几个孩子说不想学弹钢琴，是父母逼着去的。

张老师告诉我，在美国孩子不论学什么父母都会长期关注孩子，在孩子失去信心的时候父母都会问孩子为什么会那样，帮助孩子解决问题，鼓励孩子学下去，如果孩子实在不想学，也尊重孩子的想法。但是中国父母只负责送孩子去学，并不关注孩子学才艺的具体情况，如果孩子不想学，父母就说："花这么多钱，你说不学就不学啊？"逼着孩子学。这样孩子就算回到课堂，可是心思却不在学习上，哪里还有激情可言。

孩子不论是学才艺还是做事，都需要长久的激情，如果不能坚持下去，将什么也学不成。父母如何培养孩子做事坚持呢？

父母给孩子的任务要难度要适当，任务太多太难，孩子望而生畏，就会产生对抗情绪或者干脆没做就放弃了。对于一些难度比较大的任务，可以分解成一个个小目标。孩子每做完一个阶段，父母就要点评一下，给孩子一点鼓励，这样孩子可能就乐于接受了。

做父母的要以身作则，要有坚持性。父母做事的态度很大程度上影响着孩子做事的态度，三天打鱼两天晒网的父母很难培养出有恒心的孩子。比如妈妈答应孩子每天陪她画画半个小时，昨天妈妈忘了，今天又有事耽误了，这样培养孩子的坚持性就会变成一句空话。

父母对孩子提要求的语气要坚定，让孩子知道这是一件重要的事情，不可以随随便便对待，但也不可总在孩子身边不停的唠叨，甚至训斥打骂孩子。

要让孩子的激情长久一点，父母要从自身找原因，看自己是否方法得当，看自己是否培养了孩子的坚持性，如果这些都没有做到，试问父母有何理由去责问孩子？父母要明白不论自己怎样着急，孩子都是一天天长大的，同时也要把这种想法灌输给孩子，让他知道坚持做下去，一天天地，事情才会朝他最初的理想状态发展。

NO.4

学会控制自己的情绪

朵朵很喜欢林林表哥，因为哥哥会教她很多有趣的事。昨天林林到我们家玩，林林教朵朵玩最时兴的电脑游戏“愤怒的小鸟”。两个人并不是在电脑上玩，而是自己当小鸟，做出各种各样的姿势要往前冲。两个人在客厅里玩得哈哈大笑，我看着都有点忍俊不禁。

不一会儿，表姐打电话让林林回家，林林虽然不情愿还是回家去了。林林走了，朵朵开始不高兴了，我让她把客厅里洒落的东西收拾一下，她也不愿意，板着脸自己坐在沙发上。我问她：“朵朵，怎么了？”朵朵说：“我不想让哥哥回家，哼，我以后再也不喜欢大姨了。”我说：“大姨让哥哥回家没有错，哥哥回家去也没有不对，反而是你不会控制自己的情绪，是错误的。朵朵，你现在是大孩子了，要学会控制自己的情绪，不能动不动就不高兴。”朵朵看了看我，说：“妈妈，我错了。”说完自己跑过去收拾地上的东西了。

俗话说：“六月的天，小孩儿的脸，说变就变。”这其实是孩子情绪化反应的表现，孩子不论多大都要他学会控制好自己的情绪，不要说变就变。每个人都需要把心里的不快发泄出来，孩子也一样。作为父母要学会接纳孩子的不良情绪，使孩子觉得自己获得了理解。但是接纳、理解孩子的不良情绪，并不是最终目的，最终目的是让孩子学会控制自己的情绪。

上次看到一幅漫画，是一个美国孩子画的，孩子名叫杰克，只有6岁。那张漫画的上方写着“保持镇静”（我是这样翻译的，下面的也是这样的中文意思。）下面是一道公式：1+3+10=镇静。漫画中有个大头娃娃在讲解这个公式，“1”是告诉你自己：“要镇静，放松！”；“3”指的是深呼吸三次；

"10"的意思是："从1开始慢慢地数到10"。画的最下方写着"保持镇静使我能够采取负责任的行动。"

我问杰克："你这是什么意思啊？"杰克说："这是学校里老师讲'自我控制'时发的，老师要我们在生气的时候按着这个公式来控制自己的情绪。"原来美国的老师是这样教孩子控制情绪的。"镇静""放松""深呼吸"，这些都能让孩子冷静下来，当然对控制情绪很有好处。

那么究竟怎样让孩子学会控制自己的情绪呢？父母要观察了解自己的孩子，采取不同而有效的方法。首先应尽量做到使孩子在合理范围内充分表达自己的情绪，因为孩子能够充分地、合理地表达自己的情绪，正是孩子心理发育基本健康的标志。

但孩子毕竟是孩子，他的情绪表达方式难免会有偏颇，有时会发生情绪过激现象，例如孩子因发脾气与别的孩子争吵、打架；冲着长辈、老师大喊大叫；自己不出声地摔砸物品……这些都是不合情合理的，也是会伤害他人、伤害自己的。遇到这些情况时，父母不应视而不见，而要采取一致意见进行严厉制止，让孩子知道发泄情绪也应有一定的界限，自己发泄情绪不应损害别人的利益和损害物品。孩子长大一些时，则尽量鼓励孩子用语言表达自己的情绪，告诉他遇到问题时要讲道理，说原因，而不要动不动就乱闹、发脾气。

孩子有不良情绪发脾气时，父母要表示接纳孩子的情绪，用"是吗？""嗯。""我明白了！"这样的话让孩子平静下来。等孩子冷静过后，父母再问其中的原由，孩子就能平静地将事情说清楚。

上次在公园看到一个小男孩想坐秋千，可能是他妈妈有急事，要带他回家。小男孩坐在地上哭着不走，妈妈生气地说："你就会哭，妈妈回家了，让你一个人在那里哭。"小男孩虽然站起来走了，但是眼里还满是泪，一边走一边踢，一副不情愿的样子。如果那位妈妈先是理解和接纳孩子的想法，说："妈妈理解你，我也很想陪你一起在公园里玩，可是妈妈真的有急事，我们现在回家，以后有时间再来玩。"相信这个小小男子汉就会同意妈妈的说法，听话地和妈妈一起回家，而不会发脾气。

父母应该接纳孩子的不良情绪，理解并化解孩子的不良情绪，让孩子从烦闷、担忧等不良情绪中冷静下来。事实上，接纳孩子的情绪反应，与孩子进行有效沟通，在必要的时候对孩子提出期望，可以防止孩子今后犯同样的错误。

“如果想让孩子长成一个快乐、大度、无畏的人，就需要让孩子从周围的环境中得到温暖。”如果父母能互敬互爱，和睦相处，善于处理好自己的情绪，尽可能表现出愉快、喜悦、乐观向上的情绪。这样能使孩子生活在温馨的家庭氛围中，得到关心爱护，获得爱和尊重的体验，从而心情愉快，情绪波动不大，就算有什么不良情绪，也会很快消失。父母为孩子处理消极情绪提供榜样，对孩子学习情绪、理解情绪和处理情绪产生潜移默化的影响，使孩子从中学会控制自己的情绪。

孩子的注意力很容易发生转移，消极情绪状态持续时间不一定很长。面对孩子的过激情绪，父母可讲究一些策略，如冷处理、设法转移注意力等等。但是父母更要教会孩子学习主动自觉地控制情绪，不论何时把“控制”权掌握在孩子自己手里，孩子才会及时排解自己的不良情绪，成为一个乐观积极的人。

NO.5

自信是漫游世界的护照

朵朵昨天回家后把她在幼儿园里画的画拿出来给我们看，一张画纸上画满了东西，各种各样的，我和朵朵爸爸看了半天，终于明白她画的是昆虫世界，画的有：蜘蛛、螳螂、蝴蝶……朵朵爸爸说："朵朵，虽然我和你妈妈挺费劲才看明白，但是总体来说你画得很好，如果再认真一点，你画得就更好了。你涂色还是很准确的，蜘蛛涂成黑色，螳螂涂成绿色，这都很好，很不错。"

朵朵听到爸爸的表扬，那个高兴啊，跳来跳去的。大声地喊："我以后要好好画，要把我的画贴得满世界都是。"我和朵朵爸爸你看看我，我看看你，不知道朵朵的自信是不是太满了，不知道我们的鼓励是不是对的。

作为父母，我们让孩子自信了吗？中国的很多父母希望自己的孩子是自信的、积极的，可是在生活中却很吝惜自己的语言，不给孩子动力，孩子的自信从哪里来？但愿我和朵朵爸爸的说法能够让朵朵有一些自信，让她更积极地面对生活。

没有比赏识更有效的方式促使孩子自信了，父母用欣赏的眼睛去看待孩子，他就会努力表现自己。赏识不需要太多言语和行动，有时一个肯定的眼光，一句赞赏的话语，一个佩服的手势，一个温暖的拥抱，都会让孩子感到鼓舞。表达赏识不需要太多代价，只要父母感受到孩子向上的心理，善于发现孩子的优点，并且及时给予孩子积极的认可，孩子都会马上接收到这个信息，并且转化为自己的内在动力，力求更好地表现自己。

上次我有一个朋友丽娜从加拿大回来，她对我说起加拿大的父母如何给孩子自信，给我结结实实上了一课。丽娜说："很多人说，老外总是自信满满。

直到我们在温哥华生活好几年，并且女儿上学两年多后，我们才真正明白为什么。自信不是天生的，而是学校、家庭、社会共同培养的结果。”

丽娜的女儿在加拿大上学前班的时候，班上实行每天一位明星的制度，每天由一位小朋友作当天的明星：全天胸前佩戴小红花；去图书馆、体育教师、音乐教室、回家时排队在第一位；老师讲故事、读书时坐在老师边上的小椅子上，而班上其他小朋友都坐在地上；活动时协助老师做各种工作，而觉得累的时候还可以挑选一个帮手；那一天父母会给孩子穿上漂亮衣服，孩子走到哪里，别人看到小红花都要恭喜夸奖孩子一番。当小明星的那一天，孩子都感觉非常的荣耀，感觉自己非常受重视，丽娜的女儿会在提前好几天就每天都数还有几天就轮到她是小明星日了。丽娜的女儿到了加拿大不仅喜欢上幼儿园，还比在中国时自信多了，经常对丽娜说：“妈妈，我在幼儿园可是小明星哟，你看我多厉害啊。”到了那一天则一早起床就兴奋地告诉我们，并且洗脸刷牙都动作利落，恨不得马上就到学校！

丽娜的女儿上一年级的时候，她们老师还在课堂上实行学生的自我展示，孩子先选好一个东西并且准备提示，然后在台前去披露一个个提示，选择举手的孩子来猜，宣布结果。每个孩子都有一种自己可以主导这个活动、明星般的感觉。丽娜的女儿第一次展示了一张自己画的家里“花园”的图片后，老师、孩子对她的画、花园的美丽等等的夸奖，就让她很是得意了一把！

丽娜说：“孩子在家里想了好半天如何去跟同学们展示自己，我和她爸爸就鼓励她可以把我们的家展示给同学们看，最后是她自己动手画的，还自己准备了很多提示问题。她回家的时候很高兴，自豪感、自信心一下子升起！”

丽娜的女儿出国前我看到过，怯怯的不爱说话，这次再见到她，发现她不仅爱说话了，人也很有自信，相信就是丽娜她们在加拿大凭借当地的风俗培养出来的自信，当然，当地的幼儿园、小学有更大的功劳。

我们这些中国父母如何培养孩子的自信呢？我们要让孩子从小事做起，树立自己的自信。孩子小事都做不好，哪里来的能力做大事？哪里来的信心做大事？很多父母对孩子的要求很低，“只要你把学习搞好了，什么事情都不用你管了。”身边太多的高分低能孩子了，他们在生活中连最基本的事都做不好，哪里来的自信去做大事？生活是由无数个小事组成的，父母不要忽视了这些细节引导和教育的问题。在更多的时候，孩子的自信是从这些小事上建立起来的！

父母要肯定和鼓励孩子，特别是一个满怀期望的孩子，无论他事情做得好与坏，父母都应该肯定其好的部分，这样孩子觉得自己被认可、被肯定，那么他才更有自信去做好。我们身边有一些父母见不得孩子做错事，只要稍稍有一点错误，父母就会咆哮如雷：“你怎么那笨？这点事都做不好？”刚开始孩子倒是没有多想，也没有在意，可是随着孩子年龄的增长，孩子就慢慢懂事了，慢慢地失去信心了。如果身边有个人做什么事都没有信心，他童年的时候肯定是被否定得太多了，他被否定捆住了手和脚，当然没有自信去做事了。

父母不要忽视孩子小小的进步和成绩，孩子生活在被肯定的状态下，才能形成良好的心态，才能具有自信和不断前进的勇气。父母应该经常对孩子说“你很棒。”“你能做到。”“你很聪明。”等正面的肯定的语句，这些积极的价值评判，会使孩子满怀信心地去做任何事。

没有人不喜欢称赞，没有人不乐意被表扬，何况是小小的孩子？父母多用赞扬和肯定的眼光看孩子，在孩子的心里除了沾沾自喜，更多的就是自信与骄傲。让每一个孩子都自信满满地走入世界，让自信成为孩子漫游世界的护照，让孩子走得更远。

NO.6

宽容让心胸更宽广

下午带着朵朵到健身器那边玩，东东和另外几个小朋友也在那里。朵朵和东东一起玩了会儿翘翘板，觉得没意思就和另外两个小姑娘一起玩跳绳了。

回家的路上，东东娘俩和我们一起走，可是路上东东却不和朵朵说话，一个人默默地走在边上。朵朵问东东："东东，怎么不高兴了？"东东不回答她，朵朵又问了两遍，最后东东说："我刚才想和你玩，你不和我玩，我现在不理你了。"朵朵有点生气了，说："东东，你可真小气，一点也不像个男子汉。我也不理你了。"我拉着朵朵的手说："东东是弟弟，你要原谅他，怎么能说这样的话呢？"在我和东东妈妈的劝说下，朵朵对东东说："看在你比我小的份上，我原谅你，以后我多和你玩，行了吧？"东东这才高兴了起来，东东妈妈说："一个男孩子这么小器，今天是朵朵姐姐宽容了你，可是你以后不能这样做了，知道吗？"东东也懂事都说："妈妈，我知道了。"姐弟俩这才手拉手高高兴兴地往家走。

在当今的独生子女中，有一部分孩子像东东一样心胸狭窄。他们做事斤斤计较，爱记仇，不肯原谅他人的过失，有时候甚至别人没有过失他也认为别人有错误，容不得别人比自己强，这种狭隘的心胸不但影响到孩子的人际交往，还会损害其身心健康，甚至会影响他的美好未来。

父母都希望自己的孩子成为一个惹人喜爱、受人疼爱的人，那么首先自己的孩子要是一个宽容的人，因为只有容忍他人的人才会得到他人的喜欢。父母如何才能培养孩子的宽容心呢？

父母是孩子的老师，父母待人接物的风格和态度也对孩子的心理和行为起着潜移默化的影响。父母宽容、大度、遇事不斤斤计较，与邻里、同事之间融洽相处，孩子就会学着父母的样子处理同学之间的关系，也会变得宽容、乐于与人相处。

如果孩子不小心犯了诸如打破杯子这样的小错误，父母不要用惩罚或责备的方式来教育孩子。只需要告诉孩子，其实爸爸妈妈有时也会犯这样的无心之错，只要下次小心不再犯就可以了。宽容从原谅开始，父母原谅孩子的错误，用宽容的心去引导他认识自己的错误，让孩子知道，解决问题的办法除了批评、惩罚以外还有宽容。很多人认为国外的孩子处事很老练，对人也很宽容，那么请看一下国外的父母们吧，他们对孩子就很宽容，只要孩子没有犯太大的错误，父母一般都不加制止，有的有利于孩子成长的错误，就算孩子犯了，父母也会容忍，比如爱迪生坐在鸡蛋上面孵蛋，他妈妈不但没有制止他反而给他讲母鸡孵蛋的原理，帮助爱迪生探索世界。

孩子要宽容他人，首先就要理解他人，心理换位是最重要最可行的方式。如果孩子觉得别人犯了错误，自己不想原谅对方，那么父母引导孩子让他站在对方的立场上想一想，说不定孩子就可以想通。东东认为朵朵故意不和他玩，生朵朵的气，那我们就让朵朵站在东东的角度想问题，"和朵朵一起玩得好好的，突然朵朵不和我一起玩了，当然有些生气。"朵朵知道东东的想法，就没有那么生气了，也就原谅了东东。孩子站在妈妈的角度上考虑，就会理解妈妈的良苦用心和唠叨；站在老师的角度上思考，就会理解老师的艰辛；站在同学的角度上思考，就会觉得大多数同学是可爱、可亲、可交的。所以，教孩子学会心理换位是非常必要的。

"金无足赤，人无完人。"每个人都会有这样那样的缺点和不足。父母要教会孩子原谅他人，没有必要事事计较，事事都要求个公平合理。多一次原谅，多一次宽容和理解，同时也就为自己多找了一份好心境，也会使自己在完善个性的道路上又向前迈进了一步。

宽容之心是在交往活动中培养起来的。孩子只有与人交往，才会发现每个人都有这样或那样的缺点，都要犯或大或小的错误，只有学会容忍别人的缺点和错误，才能与人正常交往，友好相处。也只有通过交往，孩子才能体会到宽容的意义，体会到宽容带来的快乐。父母要鼓励孩子与小朋友在一起玩，小朋友们在一起玩，理解别人的缺点、庆贺同伴的成功、帮助有困难的小朋友、采纳别人的合理建议等。这些都能使孩子得到友谊，分享别人的成功，并使自己获得进步。

当然，宽容不是怕人，不是懦弱，不是盲从，不是人云亦云，这一点父母必须向孩子讲清楚。父母要让孩子知道宽容是明辨是非之后对同学、朋友的退让，而不是对坏人坏事的妥协，对坏人和得寸进尺的人是没有必要宽容的。

习惯的养成和性格的培养是一个长期的、渐进的过程，所以，帮助孩子拥有一颗广博的心，宽容对待他人，不可能在短期内取得很大的进展。父母要有足够的耐心和毅力。为了孩子身心健康地发育，为了孩子未来的人生更精彩，父母一定要帮助孩子纠正心胸狭窄的毛病，从而使他们更加健康、快乐的成长。

NO.7

尊重他人也就是尊重自己

上个星期我的同事小张来我们家玩，朵朵在幼儿园回来顺手把在幼儿园画的画放在茶几上。小张看了看，说："你们家朵朵好厉害啊，画的画真好，比很多上小学的孩子画得还好。"我说："哪里啊，还差得远呢。"

小张笑着说："你还让我说哪里好啊？别谦虚了，对一个5岁多的孩子来说，已经很不错了。"我笑了笑说："谦虚是应该的，她还是差得远。"小张说："你这样就不对了，好就是好，不好就是不好，我们不仅要支持孩子，更要尊重孩子。我表姐去美国学术访问了一年，她说在美国最重要的就是尊重孩子，我们也要学习人家，尊重孩子。大人尊重了孩子，孩子也才能学会尊重，也才会尊重大人。"

想一想，小张说的也是对的，中国父母有的时候有点太谦虚了，我们在谦虚的时候就没有想到我们的"客气"会不会伤到孩子自尊心？会不会是对孩子的不尊重？"他山之石，可以攻玉。"我们不妨学习一下美国人是如何尊重孩子，教育孩子学会尊重的。

在美国，父母除了为孩子提供知识和营养之外，还特别尊重孩子。从孩子出生那刻起，父母就视孩子为一个独立的个体，不会将自己的意愿强加于孩子身上，尊重他们的思想和个性，无论是父母、老师还是长辈都没有特权去剥夺、支配、限制孩子的自由。另外，父母通常不为孩子作主，而是培养孩子自己主宰一切。

中国有句古话："当面教子，背后教妻。"中国父母常常会在旁人面前斥责自己的孩子，仿佛只有这样孩子才会记住教训，更好地成长。而美国人却避免“人前教子”这一行为，美国父母在别人面前从不说孩子的坏话，他们视这种行为是一种犯罪，因为这会极大地伤害孩子的自尊心。美国父母认为当着别人的面批评、斥责孩子，会使孩子的自尊心受到严重打击，有损孩子的心理健康，所以他们视“人前教子”为绝对不可取的做法。受到父母尊重的孩子，通常乐于配合家长，他们善待老人，对人有礼貌，懂得父母的心意，和大人可以敞开心扉地交谈。

美国父母从不将自己的位置摆在孩子之上，在任何情况下，他们都会和孩子平等交流。如果孩子不想吃饭，父母会耐心地劝说孩子，甚至会演示给孩子看，让孩子高高兴兴地自己吃饭。就算孩子犯了错误，美国父母也不会轻易指责孩子，而会说：“我们认为你不是有意犯错误的，所以下次碰到类似的情况，你一定不会这样做了，对吧？”美国父母很少用命令的口吻和孩子说话，更多的是和孩子平等沟通、交流。

美国父母尊重孩子的自主选择权，即使是一些很小的事情也不例外。父母带孩子出门做客，当主人拿出水果、点心，中国父母会“帮助”孩子，替孩子拿东西吃，还帮孩子说话：“谢谢，他不吃。”而美国父母不会这样，他们让孩子自己做主到底是接受还是不接受，让孩子自己决定吃什么、拿什么，绝不帮孩子做决定。就算孩子主动向主人索要自己想吃的东西，父母也不会立即呵斥孩子，而是在适当的时候给孩子解释或说明这种行为不当的原因。

所以，美国的孩子无论大小，都会受到家长的尊重，不仅仅是因为他们需要家长的爱护、关心和培养，还在于他们是不容忽视的独立个体。父母要尊重孩子，父母更要知道“尊重他人就是尊重自己”的道理，对孩子从小树立尊重的想法，孩子以后也才会是一个尊重他人的人，当然他也会尊重他的子女。

从小培养孩子对别人的尊重，父母应该怎么做？“孩子们从不擅长听从长辈们的话，但是从来不会不模仿他们。”父母首先就要做个好榜样，这样孩子才会从父母那里“模仿”到尊重。试想如果父母是言行无状不尊重他人的人，那么他们的孩子从哪里学到尊重？

现在的独生子女往往以自我为中心，不懂得去尊重别人，自己想说什么话就说什么话，想做什么事就做什么事。父母要引导孩子从生活细节上尊重别人，站着和别人交谈时，不要连连跺脚；与老师、长辈交谈时不要跷二郎腿。让孩子从小养成习惯，这样才会有尊重他人的心理。

守时也是尊重他人的体现，不论是谁和别人约好时间做什么，都要准时赴约。在学校，对于老师安排的集体活动要准时积极地参加。德国人很守时，在他们的眼里不守时就是对他人的不尊重，和德国人交往如果不守时可能就会失去一个朋友。父母帮助孩子制定时间表，把孩子的生活日程做一个细节的安排，让孩子做事“准时”一些。

尊重他人的劳动成果，教孩子学会尊重，最重要的就是一定要尊重普通的劳动者，以及他们的劳动成果。孩子经常出现倒剩饭、乱洒水、乱扔瓜皮纸屑的行为，这些都是不好的表现。父母应让孩子适当地参与劳动，当他体会到劳动的辛苦时，才会尊重他人的劳动成果。

尊重他人的意愿，孩子应该学会尊重别人的意愿和想法，凡事不要强迫别人。尤其是当同学的想法跟自己的想法发生冲突的时候，不要强行将自己的想法强加到别人的身上，要学会尊重别人的意愿。

尊重他人是一种美德，是一种高尚的情操。只有尊重他人，才能获得他人对你的尊重。所以，尊重他人也就是尊重自己。父母不要认为孩子小就不尊重他，更不能认为孩子小就不教孩子尊重他人。尊重他人是一个人的品德，什么时候教给孩子都不会太早，父母们要赶紧行动起来，让孩子成为一个尊重他人、尊重自己的人吧。

NO.8

勇敢是有限度的

有一天，朵朵在家里用两只手抓着一个木棒两脚前后呈一条线地走，我看着总觉得很熟悉，就问她："朵朵，你在做什么？"朵朵说："妈妈，我在学习走钢丝啊，电视里的叔叔就是这样走的，等我走会了，我也去真正的钢丝上走。"听完她的话，吓得我一头汗，幸好她只是在家练习，不然非出大事不可。我告诉她："那些叔叔都是经过专业训练的，不是你这样练习出来的，你不能那样走。"

又有一次，朵朵看到电视里在直播奥运会跳水比赛，我们三个人都不停地在电视前为选手们加油。一会儿朵朵站到沙发扶手上说："妈妈，你看我要跳一个很难很难的动作哟。"说完还不等我说话，她就从沙发扶手上跳了下来。只听"嗵"的一声，她的屁股就摔到地上了。我告诉她："你想学这些没有错，可是电视里的都是专业运动员，他们都练习了好多年。你要勇敢，可以，可是勇敢也有个限度，不要蛮干，知道吗？"朵朵摸了摸屁股，说："妈妈，我知道了。"从那以后，朵朵再也不做危险的事，我的心也才放下一些。

冒险、勇敢、刺激，是最吸引孩子的。在他们小小的世界里，做一件冒险的事，不仅能吸引父母的眼球，更能满足自己的好胜心。可是有的事小孩子可以去做，有的事小孩子是无论如何也不可以去做的，很多是专业人员做的，就算孩子再勇敢也不能去做。

国外的小孩子好像都挺勇敢的，这与父母的支持是分不开的，我们通过电视节目就能了解到这一点。有一次我和朵朵在一起看电视，节目中一个外国小男孩在玩沙，他看起来有些害怕，想让他妈妈陪他一起玩。他的妈妈说："宝贝，去吧，妈妈在这里守着你。"小男孩得到妈妈的支持，在妈妈身边一个人玩起了沙，一会儿他从沙里挖出一条虫子，不仅没有尖叫反而把虫子举到妈妈面前。妈妈看到这个虫子也没有责怪小男孩，对他说："宝贝，你真勇敢，以后看到小虫子应该先让妈妈看一眼，要是没有毒，你就可以像今天这样抓到手里。"由此可见，外国的父母支持孩子"勇敢"，但是他们的支持不是无限度的，他们需要孩子在自己能力范围、辨识能力范围内去"勇敢"。

作为父母我们应该支持孩子勇敢地去做一些事，哪怕是冒险的事，也是可以的。但是什么样的勇敢才是恰当的？什么样的危险是孩子可以承受的？这没有具体的标准，因为孩子各有各的特点，事情也各有各的不同。富兰克林在雷电交加的雨夜放飞特制的风筝，是在做科学研究，更是危险重重的，成年人都不能轻易去尝试，如果允许小孩子这样做，那么就是太过危险的事，不是孩子有一颗"勇敢的心"就能办到的。

我们常常对孩子说"做事得有个限度"，"限度"是什么？对小孩子来说什么才是"勇敢的限度"？0～6岁的孩子毕竟太小，对什么事是危险的事，什么事是太危险的事，他们分不清也定不明，这时就是考验父母的时候。父母要把事情的危险性给孩子讲清楚，有的事是他们可以做的，有的事是他们不可以做的。给孩子讲明行为的安全问题和必要认识，让孩子不胡来蛮干。

父母可以引导孩子认识事物的危险性，告诉孩子有的时候不是有勇气就可以的。前段时间我们看了一个娱乐节目，很多男孩子在一起玩自行车，普普通通的自行车在他们的手里被玩得花样百出，说实在的很惊险刺激。朵朵说："哥哥们玩得真好，我也可以那样玩吗？"我指着电视画面的下方的几个字告诉她："朵朵你看电视上写着'专业表演，请勿模仿。'那些哥哥都是专业演员，经过很多次训练才会这样做，我们不要模仿他们。"朵朵听后点了点头，说："哦，原来是这样啊。"很高兴现在的娱乐节目能做得这么贴心，这样一来，孩子既看了节目，感觉到了刺激，又不会轻易去尝试太危险的事。

世上的事有的做得有的做不得；有的大人可以做小孩子却不能做；有的专业人员可以做普通人不可以做。父母要把安全知识，危险常识灌输给孩子，让孩子知道有的事太危险，不是小孩子有勇气就可以做的。勇敢是有限度的，让孩子在自己的限度内活动，父母既可以省事也可以省心。

NO.9

让爱在孩子心中扎根

上个周末，朵朵爸爸、朵朵和我，三个人到郊外去玩。朵朵第一次“亲自”抓蚯蚓，很投入也很激动，双手拿着小铲子在泥地里不停地挖，可是她虽然很用力，却没有抓到一条蚯蚓。

一会儿，我带着她到小河沟里洗手，我用随身带着的小手巾在水里打湿，让朵朵自己用它洗手。朵朵站在石头上，我蹲在石头上，只是一会儿她就把自己的手洗得干干净净的，可是我也因为别扭地蹲着，头上出了好多汗。当我站起来的时候，朵朵拉着我的说：“妈妈，我爱你！”我欣喜不已，摸着她的头说：“妈妈也爱你！”

当我们回到朵朵爸爸身边的时候，他已经为我们打开了地垫，把我们带的吃的用的全放在上面了。那天有点热，略略有点胖的朵朵爸爸出了一些汗，朵朵搂着她爸爸的脖子说：“爸爸，我爱你！”朵朵爸爸看着她，说：“爸爸也爱你，我们一起吃饭吧！”那天，在朵朵的“爱”中，我和朵朵爸爸吃什么都觉得香甜无比，是一次愉快的郊游。

爱是人世间最珍贵的东西，一句“我爱你”很多时候代表了最有力的支持、最坚强的后盾、最美的祝福。朵朵爸爸的同事中有好几个都在国外学习、工作过，他们虽然不在同一个国家，但是他们带回来的理念都是相同的，那就是：国外的父母会表达自己的爱，孩子也会对父母表达自己的爱。

我记得有一次朵朵爸爸的同事来我们家说到他在英国见到的一件事，他看到他同事带着孩子买东西，孩子想买一个甜筒，妈妈买给了他，孩子仰头对妈妈说：“妈妈，我爱你。”他问同事：“你是妈妈，一定要孩子对你说爱你吗？”他同事回答他“他的爱就算现在不是发自内心的，但是总有一天会是发自内心的。我作为妈妈要让孩子了解到即使是再小的东西都代表着爸爸妈妈对他的爱，让他也要时常记得爱我们。”朵朵爸爸的同事说：“在国外让孩子有爱心、学会感谢，很重要。”

是啊，父母给孩子的礼物再小也代表着父母的爱，孩子在接受爱的时候，父母也是希望得到回馈的。中国的孩子现在几乎都是家里的小祖宗、小皇帝、 小公主，他们说什么大人就听什么，想要什么大人就给什么，所以都养成了自私又以自我为中心的个性。爱心的树立需要一个慢慢培养的过程，在平时父母要善于发现孩子身上点点滴滴的闪光点，不失时机地对孩子进行爱心教育。

父母是孩子的镜子，孩子是父母的影子。只有富有爱心的父母，才能培养出富有爱心的孩子。父母要从点滴的小事做起，做有爱心的人，比如尊敬长辈、同情弱者等。父母平时就要注意自己的言行举止，做到孝敬老人、关心孩子、关爱他人、乐于助人等，让孩子觉得父母是富有爱心的人，自己也要做一个富有爱心的人。

“只知索取，不知付出；只知爱己，不知爱人，是当前独生子女的通病。”父母要改变这种状态最直接有效的手段就是让孩子设身处地地为他人着想、感受他人情感。让孩子把自己痛苦状态时的感受与别人在同样的情境下的体验加以对比，体会别人的心情，可以使孩子学会理解别人，从而增强爱心。有一天和朵朵一起在广场上玩，有个小朋友摔倒了，我对朵朵说：“想想你摔倒时，是不是很疼？小朋友一定很难受，快去扶起他，帮他擦擦脸。”

给予爱与接受爱是相互的，如果让孩子只是接受爱，渐渐地，他们就丧失了给予爱的能力，只知道索取，不知道给予，并且觉得父母关心他是理所当然的。父母没有给孩子学习关爱的机会，他们怎么会关爱父母呢？父母要给孩子提供奉献爱心的机会，让孩子学会爱父母。

父母要知道培养孩子的爱心重要，但是保护孩子的爱心更重要。“孩子的爱心是稚嫩的，你在乎它，它就会长大；你忽视它，它就会枯萎；你打击它，它就会死去。”如果父母想拥有一个富有爱心的孩子，那就请在生活中培养它、呵护它。

中国很多父母认为孩子的任务就是学习，其他的都不重要，只有学习好了，将来才会有一个好的前程，于是什么事都为孩子着想，孩子衣来伸手，饭来张口。学习固然重要，但是孩子的性格、习惯、品质、心理对孩子的成长、成才更重要，并且这些都需要在生活、学习中培养，不会一蹴而就。持之以恒的培养才会使爱的种子在孩子心里扎下根，化为自觉的行为习惯。

NO.10

善良，世界共同的通行证

前几天带着朵朵去买菜，菜市场里有一个商户养了几只兔子，兔子可能是每天“养尊处优”，长得肥肥大大的。朵朵蹲在那里用菜叶子逗小兔子玩，时不时地摸兔子的长耳朵两下。

这时有个人问卖菜的老板，“老板，你这兔子卖不卖啊？多少钱一斤？”还没等老板回答，朵朵抢着说：“这兔子不卖，谁都不卖。”一边说一边伸着手护着兔子们。老板无奈地笑了笑，说：“我们家的兔子真不卖，你上别人家问问吧。”我觉得朵朵拦着人家做生意了，很不好意思，老板笑着说：“我们家的兔子就是这样越长越大的，我的女儿和这个小朋友一般大，天天守着兔子不让卖，今天好不容易她去亲戚家了，又有人帮着她站岗了。”我说：“小孩子都这样，不过这兔子确实挺可爱的。”老板也说：“小孩子嘛，就是要善良一些，爱兔子就爱兔子呗，我们一直养着这些小兔子就行，反正我这里菜叶子、胡萝卜多的是。”

美国作家马克·吐温称：“善良是一种世界通用的语言，它可以使盲人‘看到’、聋子‘听到’。”心存善良的人，他们的心滚烫，情火热，可以驱赶寒冷，横扫阴霾。同善良的人接触，往往智慧得到开启，情操变得高尚，灵魂变得纯洁，胸怀更加宽阔。由此可见，“小孩子嘛，就是要善良一些。”

上次有个同事从德国回来，他说在德国很重视对孩子善良品质的培养，我说：“在法西斯的故乡，培养善良？”同事说：“是啊，虽然德国是引发两次世界大战的‘罪魁祸首’，所幸的是，德国各阶层都能够深刻地反思这段历史，甚至因此格外重视对孩子善良品质的培养，并将其列为德国教育的有机组成部分。”我从这个同事的嘴里以及相关资料中找到德国真的是“善良教育”的先行者。

在德国爱护小动物是许多幼儿接受的“善良教育”的第一课。在孩子刚刚学会走路时，不少父母就特意为孩子喂养了小狗、小猫、小兔、小金鱼等小动物，并让孩子在亲自照料小动物的过程中，学会体贴入微地照顾弱小的生命。幼儿园也饲养了各种小动物，由孩子们轮流负责喂养，还要求孩子们注意观察小动物的成长、发育和游戏，有条件的还须作好“饲养记录”。在这样的环境中，孩子们都十分爱惜小动物，很少有虐待小动物的。

同情、帮助弱小者也是德国人对孩子进行“善良教育”的另一重要内容。在父母、长辈的倡导、鼓励下，孩子们帮助盲人、老人过马路早已蔚然成风，为身有残疾的同学排忧解难也并不是什么新鲜事。父母从点滴小事做起让孩子明白了一个道理：仰慕强者也许是人之常情，而同情弱者更是美好心灵的体现。

“宽容待人”被德国人普遍认定为一个人“善良品质”的一方面。如果父母发现孩子有“报复”的苗头就会耐心劝说，让孩子快速化解心头的不快。当然，父母能发现孩子的不好苗头是与平时对孩子的关心照顾有关的，如果父母平时对孩子不管不顾，就算孩子心里有多大的起伏变化，父母也发现不了。

或许是跟德国曾经的暴力历史有关，德国人唾弃暴力，他们十分重视“反面教员”的作用。对那些中小学校园里出现的恃强欺弱的所谓“小霸王”，校方的反对态度非常鲜明。据悉，凡经两次记过仍不思悔改的“小霸王”，校方即果断地予以开除，接着再由“不良少年管教部门”给予管教。在这样的条件、环境下，孩子们都知道暴力不能解决问题，只有善良才能合理存在。

反观我们国家虽然政府没有规定善良教育，但是中华文明几千年讲的都是“善良”。《三字经》第一句便是“人之初，性本善”。作为父母我们只要在生活中引导孩子把每一件事都做好、做对，做得问心无愧，那么就是培养孩子“一颗善良的心”了。

善良是一种智慧，是一种远见，是一种自信。是一种精神的力量，是一种精神的平安，是一种以逸待劳的沉稳。是一种文化，是一种快乐，一种乐观。父母最重要的事就是引导孩子做一个善良的人，因为一个人只要有善心，就会变得有修养，有品位，一生充满魅力。

NO.11

教孩子成为一个诚实的人

有一天，朵朵回家跟我说：“妈妈，我是个诚实的人吗？”我愣了一下，她怎么会问我这个问题呢？我问她：“你知道什么是诚实吗？”朵朵说：“诚实就是不说谎。”我接着说：“不全是，诚实就是不隐瞒自己的真实想法，不掩饰自己的真实感情，不说谎，不作假。你想想你有过这些行为吗？”

朵朵想了想，说：“妈妈，上次我想和你一起去超市，本来没有收完玩具我说收了的，我说谎了。”突然朵朵哭了起来，说：“妈妈，怎么办，我是个不诚实的人，老师说了不诚实的人是交不到好朋友的。”我搂着她笑着说：“谁都可能说谎，改了就行。从现在起朵朵不说谎，就是个好孩子，小朋友们都喜欢你，你就会交到好多好多好朋友。”朵朵破涕为笑，说：“妈妈，真的吗？”我说：“当然是真的，不过从现在起你真的就不能说谎了。”

早教专家指出：几乎所有的孩子都会说谎，正常的孩子会因为种种原因撒谎，但通常带有一定的偶然性，是与一定的具体情境相联，并能找到明确的因果。所以面对孩子说谎，大人不必惊慌，不要因为孩子说了一次谎就认为孩子是“坏孩子”、是“问题儿童”。

关于孩子的说谎，国外有个实验：在一个大房间里放着兔子、玩具、画册和糖果，这些都是吸引孩子的，当然，这些东西是分开放置的。实验时，每次只让一名小孩子直入实验室，小孩子进去以后，实验人员表示要离开几分钟，嘱咐孩子看好那只兔子。实验人员离开后，孩子经受不住玩具和糖果的诱惑，把看兔子的任务抛到九霄云外。实验人员通过监测镜看到了这一情景，马上按下开关，兔子掉入机关，实验室里就看不到兔子了。然后实验人员走进去问孩子兔子到哪里去了。

这时候孩子们的表情是多种多样的，答案也是多种多样的，“兔子飞走了。”“兔子被精灵带走了。”“兔子？我一直就没有看到兔子。”……实验人员追问得愈加厉害，孩子们愈加不敢承认自己的疏忽。这个实验有力地表明：如果现实情景形成了足够大的威胁，几乎每个小孩子都会说谎。

事实上，说谎是孩子们成长过程中的一个正常现象。5岁以下的孩子常常说大话，因为他们不能把事实和幻想区分开来。这个年龄段的孩子有着丰富的想象力，生活在一个幻想的世界里，所以他们常常说一些不着边际的话。朵朵刚上中班的时候，幼儿园组织去野生动物园玩，回来的汽车上有一个小朋友大声地说：“今天我看到恐龙了，好吓人啊。”他妈妈说：“尽说假话，野生动物园里哪来的恐龙。”老师说：“我知道你肯定是看到鳄鱼了，它们虽然和你们在书上看到的恐龙很像，但是它们不是恐龙。你没有说谎，只是你不懂恐龙和鳄鱼的区别罢了。”在老师的耐心引导下，小朋友区分了恐龙和鳄鱼，也免去了一顶“说谎人”的大帽子。

面对爱说大话的孩子，父母不要生气，因为孩子不是故意欺骗大家的，只是把他的想象当成事实说了出来。父母换个角度想一想，这说明孩子的智力在不断地发育，他已经知道恐龙了。

5岁以上的孩子不再有说大话的情况存在了，他们会因为种种原因而说谎。有的孩子说一些小谎是害怕父母的责备和惩罚，有的孩子撒谎多是跟父母学来的。父母面对孩子说谎，不要一味地责罚，要分清孩子说谎的原因，要通情达理，即使孩子明白咎由自取，亦使孩子明白父母虽为他的说谎而烦恼，但仍喜欢他，才能收到预期的效果。

父母要防微杜渐，不要让孩子形成说谎的习惯。孩子的说谎并不可怕，可怕的是父母被孩子的谎言所骗，让谎言屡屡得逞，终成习惯。孩子只要直言不讳地承认，父母就应伸出手来从人格上加以赞许。这种动之以情、晓之以理的鼓励，孩子会终身难忘，并将成为未来的做人信条。

父母也要给孩子辩护的机会，不要动不动就说孩子“胡说八道”、“睁着眼睛说瞎话”。诚实的孩子不说谎，如果孩子不小心说了谎，父母不要过于责怪，孩子也不要太过担心，只要改正了，还是个好孩子，还是一个诚实的孩子。

NO.12

幽默的孩子朋友更多

周末，我们一家三口到小公园玩，朵朵结识了一个新朋友——6岁的乐乐。乐乐真是名副其实的快乐，说话时表情丰富、动作夸张，而且见解独特，是个人见人爱的孩子。朵朵问他：“哥哥，你怎么懂那么多啊？”乐乐的回答是：“我长大了要当叔叔，现在我就要在自己脑子里装很多的‘书’。”说着还用手比划翻书的样子，把朵朵逗得哈哈大笑。

回家的路上，朵朵说：“妈妈，下个星期六我们再到小公园来，好吗？”我说：“好啊，可是为什么啊？好玩的地方很多，为什么非到小公园来啊？”朵朵笑着说：“下个星期乐乐哥哥也会来小公园，我很喜欢他，他太搞笑了。”我拉着朵朵的手说：“乐乐哥哥那不是‘搞笑’，他是幽默，你也可以很幽默的。”

中国父母认为：我是养孩子又不是养小丑，干嘛培养他的幽默？其实幽默感是情商的重要组成部分。具有幽默感的孩子大多开朗活泼，因而往往更讨老师的喜欢，人际关系也要比不具有幽默感的孩子好得多。既然幽默那么好，我们为什么不培养孩子的幽默感呢？

人的幽默感大约有三成是天生的，而其余的七成则须靠后天“炼成”。在美国，父母从孩子婴儿时期就培养孩子的幽默感。美国父母还总结出0到6岁如何培养孩子的幽默感，中国父母可以借鉴一二。

在儿童教育专家的倡导下，美国许多父母甚至早在婴儿刚刚出世才6周时便开始了他们独特的“早期幽默感训练”。父母抱着孩子时，故意做“下坠”的动作，孩子在体味到身体下落的特别感觉的同时，竟然还能无师自通地意识到这完全是大人在跟自己闹着玩，于是脸上可能会漾起笑容！美国父母们还和孩子玩捉迷藏，父母将一块手帕遮住自己的脸，然后猛地抽走，孩子见了，脸上就发出会意的微笑。

孩子一周岁左右时已经对他人的脸部表情十分敏感，并且自己也会做出相应的回应。在孩子学走路摔倒时，美国父母不去抱他，而是会给孩子做个鬼脸以表示安抚，孩子一时忘记了疼，自己笑着爬起来。父母还和孩子比着做鬼脸，孩子做得愈可怕就愈能得到父母的表扬，“宝宝做的鬼脸比爸爸做的更难看！”孩子虽然不懂爸爸说话的意义，但是他一定知道，父母在对他的行为做出肯定！

两周岁时，孩子已经能从身体或物品的不和谐性中发现幽默。父母把袜子试着“戴”在自己的手上，脸上则露出难受的表情，孩子就会哈哈大笑，此时孩子不仅逗孩子一笑，还让孩子明白袜子不是“戴”在手上的，很多美国父母就是这样教孩子穿袜子的。

3岁孩子的智力已发展到能认识到男性、女性等概念，并认识到概念不和谐里潜藏的幽默感。当爸爸故意手拎妈妈小巧的女式皮包，或妈妈故意戴上爸爸粗大的男式手表时，孩子见了即会一边摇头一边大笑不止。很多父母默许孩子装模作样地戴上爷爷的大礼帽，手持拐杖，行步蹒跚，他会边模仿边大笑。

4岁左右的孩子会通过自己的行为去感受快乐、幽默。这时的孩子特别喜欢“做家家”，或扮演卡通人物。当美国父母发现孩子与邻家小孩正在快活地扮演王子和公主角色，并演得十分投入时，他们不仅不阻拦，而且主动要求“客串”，而且一般是扮演坏蛋之类的小角色。孩子的游戏因为父母的加入，而更为生动、好玩。

五六岁的孩子，已经开始对语言中的幽默成分十分敏感了。如同音异义词和双关语的巧用，绕口令的学习，都能使他们感到趣味盎然。美国父母经常用语言来培养孩子的幽默感，而孩子也乐此不疲。中国父母可以故意对画中的一匹“马”喊声“妈”，在孩子大笑之余，父母就可乘机向孩子解释“马”和“妈”两个词发音上的异同。

幽默能帮助孩子更好地应对生活和学习中的压力和痛苦，因此幽默的孩子往往过得比较快活。幽默还能促进孩子的智商健康成长，能比较轻松完成学业。开心是一天，不开心也是一天，对一个孩子来讲每天都开心多重要啊。中国父母们，为了让孩子更开心，为了让孩子有更轻松的明天，从现在起培养孩子的幽默感吧。

第六篇

最有效的时间管理

有一种东西“最长又最短，最多又最少，最快又最慢”，它就是时间。时间对每个人都是公平的，但是每个人利用时间的结果却是不一样的。那些利用得好的人，他们有诀窍吗？当然有，最有效的时间管理让他们把时间的作用发挥得更完美。

时间在孩子身上留下了什么？孩子由小变大，由不会说话变成会喊爸爸妈妈，由爬行变成了行走、跑动……父母想让时间在孩子身上留下什么？只有孩子有效地管理时间才会让自己留下更多美好的东西。

不论走到世界的哪个角落，时间对每一个人来说都是公平的。教会孩子珍惜时间，好好利用时间，就会让孩子有更多的能量行走世界。

NO.1

在心里有个小闹钟

朵朵的床头有一个小闹钟，粉红色的很小巧别致，上次表姐来我们家看到朵朵的小闹钟，问她："你会认钟吗？"朵朵说："我会啊，老师教我们认钟了，你看现在是7点吧。"表姐看着墙上的大钟，还真是7点。表姐搂着朵朵说："我们的小朵朵真聪明，这么小就认得时间了。"

中午吃饭的时候，朵朵拉着表姐的手说："大姨，我给你出个谜语吧，你一定猜不出来。"表姐看了我一眼，说："好啊，你说吧，大姨试一试。"朵朵说："有一样东西，你天天在使用，它是世界上最宝贵的，它最长又最短，最多又最少，最快又最慢，你知道是什么吗？"表姐抱着头说："朵朵让我想一想啊，想一想啊，可是在我想的时候它又溜走了，它是时间吧？"朵朵看着表姐的样子大声地笑了，说："大姨真厉害。"表姐问朵朵："大姨知道时间是什么，朵朵知道吗？"朵朵指着心口说："我也知道啊，妈妈说床头要放一个闹钟，心里也要放一个闹钟，要把时间放到心里。"表姐看着我说："你可真厉害，'时间'这么枯燥的东西，你也能给一个5岁的孩子解释清楚。"我和朵朵都高兴地咯咯笑了起来。

时间对孩子来说非常抽象，所以他们一般体会不到时间的重要性。让孩子知道时间的重要，不仅要在他的床头放一个闹钟，更要在孩子的心里放一个闹钟。良好的作息习惯是养成时间观念的前提，父母要坚持让孩子养成有规律的作息习惯。父母可以和孩子一起制订一张作息时间表，什么时间起床，洗漱要多长时间，吃早餐要多少时间，放学后先做什么，然后做什么，几点睡觉等，都可以让孩子做出合理的安排。只有把作息时间固定下来，形成习惯，孩子才能对时间有一个明确的认识，才能养成良好的时间观念。

每个人都有生物节律，孩子也是如此。孩子常常会有这种感觉：在相同的时间段，心情好的时候学习效率就高，情绪不稳定的时候，学习效率就低；在一天当中，早晨和夜间学习效率高，下午和傍晚学习效率低。可见，孩子的学习往往存在一个最佳学习时机。父母要教孩子有效利用黄金时间，用最短的时间做最多的事。

很多孩子是因为父母把自己的时间安排得满满的，完全没有自己支配的时间，才会不珍惜时间，才会拖拖拉拉的。在这种没有希望、没完没了的学习过程中，孩子的心态是消极的，没有目标，没有兴趣，往往心烦意乱、错误百出，时间又拖得很长，结果造成了恶性循环。父母必须给孩子一定的自由支配时间，让孩子去做自己想做的事。

有时间观念的目的是让孩子明白时间的重要性，学会珍惜时间。有了“时间”这根无形的指挥棒，可以让孩子从小就养成有规律的生活习惯，孩子也比以前更“听话”了，做事也不会那么磨蹭了。至于起床、刷牙、洗脸、吃饭这类每天必做的事情家长也不用再反复催促了，孩子会乖乖听“时间”的指挥了。有规律的生活也需要父母的身体力行，如果父母本身的生活就没有规律，孩子在认识时间、遵守时间方面就会无所适从。

孩子心理过程的随意性很强，自我控制能力较差。常常是一边吃饭，一边玩耍；一件事情还没有做完，心里又想着另一件事情；做事总是杂乱无章，缺乏条理。如果父母在孩子的心里放一个闹钟，给孩子正确的时间观念，那么孩子就会注意自己的行为，不再养成“拖拉”的坏习惯，做一个遵守时间的好孩子。

NO.2

有计划地使用时间

前天晚上我们一家三口在商量第二天去游乐园玩的事，朵朵爸爸说："朵朵现在是大孩子了，我们明天玩耍的时间由朵朵安排，好吗？"朵朵高兴地跳了起来，说："爸爸，你说的是真的吗？"朵朵爸爸说："当然是真的，爸爸什么时候说过假话？"朵朵兴奋地说："那我们明天就多玩几次碰碰车，上次我还没玩够呢。"

朵朵爸爸正色道："我不管你想玩几次碰碰车，要玩的项目很多，你要把时间安排好。"爷俩在书桌前一本正经地计划着第二天玩的时间，我也乐得不管他们，只是给他们送上水果就行。

昨天一早我们就出发了，朵朵手里拿着她和她爸爸头一晚上制定的时间表，出门的时候朵朵一直在催我们"快点，快点，要是赶不上这趟车，我们就要等，那样就晚了。"到了游乐园也是朵朵在催我们，让我们快点，还使唤我和她爸爸到这里那里去排队，节省了很多时间。

我们玩到下午4点才往家走，在回家的车上，朵朵爸爸问朵朵："宝贝，你今天玩得开心吗？"朵朵有点累了，但还是对爸爸说："开心。"朵朵爸爸继续问："今天你只玩了一次碰碰车，不生气吗？"朵朵说："不生气啊，要是多玩几次的话，小过山车我们就玩不了了。"一会儿朵朵就睡着了，我对朵朵爸爸说："你可真聪明，以前总是我们催着她，今天她催着我们，而且时间基本都没有浪费。"朵朵爸爸说："让她自己管理时间，这样你省事，她也学会了有计划地使用时间，我们何乐而不为呢。"

那些取得杰出成就的人，常常得益于做事有计划。"有计划地使用时间"

有计划、有安排地做事，能帮助孩子有条不紊的照料自己的生活，也能帮助他们更好的学习和处理各种事情。许多孩子都有早晨起床找不到袜子、学习用品或生活用品的经历，这就是不会有计划地使用时间的表现。

对于孩子来说，做事有计划是非常重要的。它可以帮助孩子有条不紊地处理应该处理的事情而不会手忙脚乱。做事没有条理的人，他将无法很好地料理自己的生活，也无法很好地进行学习和工作。在走向成功的道路上，做事没有条理、没有计划的孩子将会比其他人走得更辛苦。

那么，怎样培养孩子做事有计划的好习惯呢？在日常生活中，不管做什么，父母都要让孩子做得有条有理。例如，房间摆设井井有条，用过的东西放回原处，以免需要的时候却找不到；晚上睡觉之前，整理好书包、准备好第二天要穿的衣服等。朵朵爸爸给朵朵介绍了国际上流行的一种藏书条理化的“资料十进分类法”。这个分类法就是把所有的资料由粗到细分成类、纲、项、目四个层次，每一层次以0到9为记号分成10等份。我说：“朵朵太小了，哪里记得住那么些。”“就算她现在小不懂得，但是经常让她有这种想法，她就知道如何有条理有计划地做事了。”朵朵爸爸这样说，我想想也是，就让他那样去教朵朵吧。

许多孩子做事没有条理，当父母跟他强调需要有条理地做事时，他往往无法接受父母的意见。事实上，孩子需要身边的榜样来引导，孩子亲眼看到别人有条有理地生活，也会效仿。朵朵以前做事没计划、没安排，自己的东西乱放，有一次我的一个同事来家做客，她做事非常有条理，每次都帮助朵朵整理东西，教她怎么整理自己的房间和东西，现在朵朵做事很有条理。

要让孩子做事有计划，父母可以向孩子示范自己的计划。即把自己的计划告诉孩子，并且征求孩子的意见，让孩子帮着计划。这种示范不仅可以帮助孩子理解计划的重要性，而且，他能够学着去安排自己的事情。最重要的是父母要帮助孩子做计划，这种实践性的锻炼最能培养孩子做事有计划的习惯。对于孩子自己的事情，父母更应该让孩子自己来安排和计划，这样孩子能够更好地遵守自己的计划。

父母要向孩子强调计划的重要性，并给孩子的各项行为制定一些计划。当计划制定了以后，孩子必须按计划办事，不能半途而废。对幼儿园的孩子来讲，父母应该要求他们在玩的时候自己把玩具拿出来，玩完以后自己收好。

德国人非常注意做事的计划性，在子女教育问题上，他们也是十分注重引导孩子做事讲究计划。如果一个孩子对爸爸说："爸爸，我周末想去郊游。"他的爸爸不会直接说"好"或"不好"。而是会问孩子："你的计划呢？你想跟谁一起去？到什么地方去？怎么去？要带什么东西去？"这样，德国孩子做事一般都比较严谨，做事之前往往会有周密的计划。

计划，就是未来的行动方案，计划就是行动指南。只有让孩子有计划地安排自己的时间，哪怕是玩游戏都要有条理一些，这样孩子才能按部就班地一步一步成长起来。

NO.3

重要的事情先去做

有一天陪朵朵一起看动画片，有一只小狗想去上厕所，在去厕所的路上它看到小兔子们在玩跳远，它觉得自己可以忍一忍，就和小兔子们玩了一会儿。再往前走，它又看到小猫们在玩捉迷藏，它还是觉得可以忍一忍不上厕所，又和小猫们玩了一会儿。小狗觉得有点忍不住了，就加快步伐往前走，它看到小猪唱着歌在路上走，小猪问它，“丁当狗，丁当狗，你做什么去呀？”小狗实在是忍不住了，禁不住把尿尿在了裤子里。

朵朵看了后笑得前仰后合的，说：“小狗真笨，竟然尿裤子，真丢人。”我问她：“小狗刚开始想去上厕所吗？”朵朵说：“想，可是它路上太贪玩了。”我看着朵朵，认真地说：“这说明重要的事情先去做，小狗应该不管路上有多好玩的事都要先去上厕所，因为上厕所对每个人来说都是很紧急的事。”朵朵说：“是啊，应该先上厕所。”我问朵朵：“除了上厕所，还有什么事是紧急的事？是应该先做的事？”朵朵看着我说：“救火、打坏蛋。”我笑着拍拍她的手，说：“对了，以后遇到重要的事我们都要先去做，像吃饭这样不紧急的事慢慢再做也不迟。”朵朵这才想起来还没有吃饭，就赶紧跑到餐桌边等着吃饭。

帕累托提出要把注意力放在20%的关键事情上，人们根据这一原则，对要做的事情分清轻重缓急，进行如下的排序：

第一．重要且紧急的事（比如救火、抢险等）——必须立刻做。

第二．紧急但不重要的事（比如有人突然打电话请吃饭等）——只有在优先考虑了重要的事情后，再来考虑这类事。

第三．重要但不紧急的事（比如学习、做计划、体检等）——只要是没有前一类事的压力，应该当成紧急的事去做，而不是拖延。

第四．既不紧急也不重要（比如娱乐、消遣等事情）——有闲工夫再说。

我们大人常常也有这样的经验，有时候感觉很忙，可真正坐下来想想自己做了些什么的时候？往往感觉一无所获，忙得都是无关紧要的事情。当我们面前摆着一堆问题的时候，应该问问自己，哪些事是真正重要的，把它们作为优先处理的问题，时刻告诫自己紧急的事情不一定重要，重要的事情不一定紧急。比如，学生的主要任务是学习，其他方面都是次要的，因此每天都要先完成必要的功课才能安排其他的事情。当孩子面对很多事情要做的时候，父母也可以帮助孩子“整理”一下，看看哪些事是重要又紧急的。

美国的厨房里，炉台上一般都有四个炉口，前面两个，后面两个。人们往往把很快就煮好的东西放在前面炉子上煮，把一些要慢慢煮的东西放在后面的炉子上。这就是我们经常说做事要看轻重缓急，有时候不得不把正在做的事或计划要做的事先搁置一边。

孩子不论是在学习中还是玩耍中都要先做重要的事，很多孩子做起事来不分轻重缓急，只要是让做的他都全做，不分先后，这样就造成一个成果，有可能很重要的事他没有做，或者没有做得更好，只是草草的应付一下，这样的效果可想而之。如果父母告诉孩子什么是重要的事，什么事应该先做、做好，孩子就会尽量先去做，并努力做好，事情的效果也会是不一样的。

曾有一位杰出的时间管理专家做了一个试验，他先在一个广口瓶里放入一堆拳头大小的石块，然后再倒入小砾石，在学生们看来满满的瓶子里专家又倒入了大量的沙，最后学生们都觉得再也放不了东西的时候专家又倒进去了大杯的水。专家问学生们：“这个试验说明了什么？”有一个学生回答：“它告诉我们：无论你的时间表多么紧凑，如果你真的再加把劲，你还可以干更多的事！”专家的回答是：“这个试验告诉我们，如果你不先把大石块放进瓶子里，那么你就再也无法把它们放进去了。”

重要的事就如同那些最大的石头，如果事先不把它们放进去，后来就再也没有机会放进去了。有的时候重要的事如果不先去做，后来就发现再也没有时间去做了。父母要帮助孩子把每天要做的事排一下序，首先衡量事情的“重要程度”，然后决定行事的优先次序。对孩子来说学习是最重要的，生活中应该把学习的事放在第一位，学习结束了就可以安排其他的活动。

“做要事，而不是做急事。”这应该成为孩子生活中的法宝，让孩子成为优秀的时间管理者。

NO.4

为磨蹭付出代价

我记得朵朵中班的时候，就回家跟我说过她们班的凡凡很磨蹭，每次活动他都是最后一个做完。上个星期朵朵她们幼儿园组织郊游，我陪着朵朵一起参加了，那天陪着凡凡的是他爸爸。我们从森林公园出来的时候已经是下午5点了，老师大声地喊："大家回到旅游车上，我们快点往回走了。"我们都赶紧去找去的时候坐的旅游车，我发现凡凡还跟逛公园一样，慢悠悠地走着。

凡凡爸爸走到凡凡前面，说："如果你不快点，一会儿我们就坐车走了，让你一个人在这森林公园里看大树。"凡凡嘴里说好的，可是却没有怎么动步，还是慢慢地左顾右盼地走着。我们都到车里坐好了，只有凡凡和他爸爸没有上车，一会儿凡凡爸爸上了车对老师和司机说："我们关门往前走，吓他一下。"老师站在车门上对凡凡挥手，喊道："凡凡，快点，我们要出发了。"凡凡不仅没有快一点，反而蹲在地上系鞋带，一副不慌不忙的样子。司机果断地关门，启动汽车，我看见凡凡着急了，站起来就往车这边跑，一边跑一边喊："爸爸，老师，还有我呢，别丢下我。"他看到我们的车没有停下来的意思，坐在地上伤心地哭了。

司机停下车，凡凡爸爸下车跑到凡凡身边，说："车停下来了，你还不快跑？"扯着凡凡的手两个人就跑到旅游车上。老师看着凡凡说："凡凡，你以后还磨磨蹭蹭的吗？你要是再磨蹭，我们就真不要你了。"

很多孩子和凡凡差不多，做事磨磨蹭蹭的，一点也不快。西方人说中国父母是追求完美的人，所以才认为孩子太慢。其实不是这样的，很多孩子真的是动作慢，他们慢不是为追求完美而是打心眼里不想快。

孩子只有感觉到做事快对他自己是有好处的，感觉到做事快是值得的，他的动作才能够“快”得起来。孩子做事快的时候，父母可以对其进行奖励，奖励的方式各有不同，但是最吸引孩子的可能是“节省的时间由他自由支配”。父母把孩子节约出来的时间还给孩子，在孩子较快完成了任务之后，就要给孩子自由安排生活的权力，孩子可以用省下来的时间做一些自己感兴趣的事情。朵朵以前吃饭很慢，用朵朵爸爸的话说“跟蜗牛一样”，后来我告诉她，如果她吃饭和我们差不多，那么她节省下来的时间可以看自己喜欢的动画片，在动画片的吸引下，朵朵吃饭比以前快多了。

当然我们不得不承认很多父母追求完美，希望自己的孩子什么都好，当孩子磨蹭的时候父母要改变追求完美的想法，试着把责备改成鼓励，如果父母总是说孩子“动作慢”， 孩子长期被说成“慢”，他会认为自己每次做事的时间都很漫长，自然而然地出现太多的“小插曲”：发呆、玩橡皮、上厕所、喝水等。如果父母能对孩子说“你能行”、“你可以快起来”、“只要集中注意力就好了”，相信孩子对自己就更有信心，能更快一点了。

很多孩子做事“慢”是因为没有紧张感，父母可以在孩子的生活中“制造”点紧张的气氛，让孩子的神经绷紧一些，使孩子的生活节奏加快一些。父母根据孩子的具体情况，可以对孩子的洗漱、穿衣、吃饭等活动进行计时，让孩子自觉快起来。如果孩子做得好就给予一定的奖励，做得不好就给予一定的惩罚，让孩子争取下一次做得更好。

孩子有时候做事情总是磨磨蹭蹭的，大人在一旁干着急，那真是“皇帝不急太监急”。像凡凡爸爸那样让孩子着一着急、哭一哭鼻子，孩子体会到磨蹭会给自己带来损失之后，他就能够自觉地快起来。让孩子为自己的磨蹭付出代价，让孩子自己去品尝磨蹭的后果，不失为一个改掉孩子磨蹭毛病的好方法。很多孩子早上起床的时候总是磨磨蹭蹭的，这时候父母也不要急，更不要去帮他，可以提醒孩子一下“再不快点可要迟到了。”如果他依然在那里磨磨蹭蹭的，可以告诉孩子“迟到就会被幼儿园老师笑话的。”孩子认识到磨蹭给自己带来的害处，几次以后孩子自然就会自己加快速度。

孩子磨蹭会白白浪费许多时间，很多时候浪费的不仅是孩子的时间还有父母的时间。父母要让孩子知道时间的珍贵，一个人无论如何努力都抓不住时间。在必要的时候父母可以让孩子为自己的磨蹭付出一些小代价，这样他就会知道时间的重要性，不会太过磨蹭了。

NO.5

有些事最好一次性做完

朵朵一个人在客厅里搭积木，我在厨房做饭。饭好了，我招呼朵朵和朵朵爸爸吃饭。朵朵搭的水立方刚刚开了个头，听到我叫她吃饭，放下积木就要洗手吃饭。朵朵爸爸说："朵朵，我们做事最好一次性做完，爸爸陪你一起搭水立方，我们搭好了再吃饭，好吗？"朵朵看了看积木又看了看我，说："妈妈在叫我们吃饭。"朵朵爸爸说："我去跟妈妈说，晚一会儿吃没有关系，你一定要一次性把水立方搭好，一次性把事情做完很重要。"朵朵看了看我，低头和爸爸一起搭水立方。我把菜用盘子扣好，站在一边等着他俩完工开饭。

每个人都知道，好习惯能引导一个人踏上成功之路，坏习惯则能将一个人引入歧途。很多人做事都是"点到即止"，事情没完成或只完成了一部分就将其放在一旁，他们认为自己已经完成任务了。这显然不符合一个优秀人才的要求：将事情负责到底，最好一次性把事情做完。

在西方国家不论是孩子还是大人都要求其把事情一次性做好，认为这样的人以后能胜任更多的工作，得到大家的信任和认可。在西方人眼里把问题一次性解决的人是一个有责任心的人、一个专注的人、一个拥有真才实学的人。国外很多父母鼓励孩子说："事实上在很多时候，问题并不像我们想象的那么复杂，只要我们多一点信心，多一点责任心，多一点专注之心，多一点恒心，成功迟早会来敲你的门。"

同学丹现在是一名小学老师，她今年到新加坡学习了一个月，回来后立即找到我，对我说："我也教了十年书了，这次出去一趟发现自己最基本的东西竟然是错的。"原来，她以前常常要求孩子们带好橡皮、涂改液、胶带等辅助文具，这样孩子做错了作业就可以立即改正，就可以达到作业的干净整洁。

她到新加坡后发现那边的孩子都不带这些东西，孩子们很认真地写作业，迅速而准确很少出错，就算出错，他们也是在后面直接改了，从来不涂改。丹说："那些孩子没有橡皮可以依赖，反而写得很好，基本上都是一次性就把作业写好，没有多少修改。"

我们谈到这个问题，她指出还是我们的父母和老师要求太高了，给孩子的压力太大，孩子心情焦虑，总怕出错，字写得不够规范、数字写歪了就立即用橡皮擦，往往是写了擦，擦了又写，这样反反复复很多遍，所以写作业的时间就特别得长，最后卷面也不是很干净。丹说："我以后就让学生们不要带橡皮了，错了就在旁边改就行了，培养他们一次性把作业写好，既节省了时间也培养了效率。"然后她还郑重其事地对我说："你对朵朵也要那样要求哟。"

把事情一次性做好，很重要的一点就是让孩子科学地管理时间。孩子在做作业的时候往往注意力不集中，一会儿要喝水，一会儿又玩橡皮，一会儿又凑到电视机前，往往十几分钟要做完的作业要拖个30、40分钟，有时还会更长。这主要是因为孩子缺乏时间观念，不会管理时间造成的。

对于朵朵这样大的孩子，注意力不集中是普遍存在的现象。对此父母不要过于焦虑，要运用自己的智慧，给孩子准备一个小闹钟，把时间定在闹钟上，告诉孩子在这个时间段内把事情做好，这样孩子做好作业、搭好积木后就会有成就感，就不会把做自己的事看成是帮父母完成任务了。

当然，父母也要帮助孩子区分什么事是一次性做完好，什么事不需要、不必要一次性做完。比如吃饭就需要一次性吃好，不能玩一会儿再吃，学跳舞就不需要一次性学完，因为这个根本就不是一次就能学好的，如果一次跳的时间太长，孩子的身体也吃不消。

另外，父母也不要过于死板，如果孩子在规定的时间没有完成作业，而睡觉的时间已经到了，如果拖的时间太长，孩子睡眠不足会影响第二天的学习。这时，父母可以让孩子立即停止做作业睡觉，第二天老师检查作业会发现孩子的作业没有完成就会批评他，孩子知道自己磨蹭耽误时间，以后做作业他就会抓紧时间了。

"要想成就一番事业，最基础的就是要把自己力所能及的事做好，而这必须用心专一。"培养孩子一次性把事情做好，就是为孩子以后成就一番事业打基础，父母何乐而不为呢。

NO.6

准时睡觉，做事细致而精准

上个周末家里来了客人，是我留学德国的表弟。表弟是回国办事的，在我们家只住一个晚上。到了7点的时候，朵朵还和往常一样在玩，表弟说："朵朵怎么还不去睡觉？"我说："这才7点啊，她一般是8点半睡觉。"表弟说在德国孩子有一个"法定睡觉时间"——晚上7点。14岁以下的德国孩子，晚上7点的时候必须上床睡觉，最晚不得超过晚上8点，父母到时间就会熄灭孩子房间的灯，孩子哪怕睡不着，也要躺在床上。

朵朵说："我又不是德国孩子，我才不要那么早睡觉呢。"表弟告诉她早点睡觉有充足的睡眠，不仅能促进大脑发育、提高免疫力，而且能长大个子。表弟说："朵朵，你看德国人很多大个子吧，他们小的时候都按时7点钟睡觉。"朵朵兴趣地问道："叔叔，你说的是真的吗？"表弟说："当然是真的，德国人一直是这样睡觉的。"

健康的生活习惯可以影响人的一生，在德国早早上床睡觉，是孩子们的"义务"和健康的生活习惯。在德国为了培养孩子早睡的习惯，幼儿园要求父母把孩子每次睡觉的时间当作"家庭作业"上交。在幼儿园里，还有"怎样睡得香"的课程，比如抱着娃娃躺着听妈妈讲故事等。德国的儿童电视台晚上6点以后的节目，也大多是安静型节目，有利于孩子作息。7点以后，电视台就不再播放节目了。

德国的许多公共场所也有帮助孩子早睡的服务，表弟说他上次和一家三口去看晚场电影，买票时却被售票员制止了。售票员解释说，电影晚上10点才结束，对7岁的孩子来说，这个时间上床睡觉太晚了。不过，她建议孩子可以

"寄存"到电影院的孩子活动室，那里可以让孩子"准时"睡觉，还有专门的护理人员看管孩子。表弟感叹在德国为了让孩子7点钟睡觉，大人们真是做到了极致。

德国孩子睡得早，起得也早，早上6点，最晚不得超过7点。这个时候，孩子们就像"闹钟"一样起床，再爬到父母的床上叫醒他们。其实早点睡觉、定时起床有两个好处：父母在晚间可以利用的时间增多了，孩子也不容易赖床，而且养成了良好的生活习惯。

听表弟这样一说，我也想着让朵朵每天早点睡觉，可是如何培养孩子早睡呢？玩得正起劲，很少有孩子愿意立刻就睡，因此，孩子睡觉前，父母一定不要和孩子疯闹也不要让他做剧烈运动。该上床休息的时候，给孩子洗洗之后可以给他讲个不留悬念的故事，然后要求他好好休息。

父母应该让孩子了解一下时间的概念，不要一下子就采取强硬的态度。让孩子知道，7点是睡觉的时间，就要关灯。孩子心里有了时间概念，到了睡觉的时间父母稍加引导，孩子就知道按时睡觉了。在孩子床头放一个小闹钟，告诉他闹钟到了几点该睡觉，孩子每天看钟，提醒自己时间快到了。

孩子的卧室不放电视，就算有电视也不要打开，灯光也不要太亮，周围环境不要过于喧哗，这样孩子的注意力就会集中，有利于早点入睡。很多父母喜欢在床上看电视，有时候还要孩子陪着一起看，这样下去孩子哪里会早睡觉。父母要告诉自己进卧室就意味着睡觉，睡觉必需关灯，父母坚持下来，慢慢地孩子也会适应过来，也会有一个良好的睡眠习惯。

白天尽量控制孩子的睡眠时间，采取饥饿睡眠法。有一段时间朵朵迷上了搭积木，每天都玩得很起劲，中午也只睡一小会儿就起床了。每天晚上7点多钟她就困了，吃完饭玩了一小会儿就吵着要睡觉。

早睡早起对所有孩子都适用，有些孩子似乎天生精力旺盛，要哄他上床睡觉可不是件容易的事儿。父母从孩子很小就开始培养孩子早睡早起，养成良好的睡眠规律。从现在开始，请帮助孩子建立起良好的睡眠规律，让孩子知道就寝时间，并且规律一旦形成就不要轻易打破。

第七篇

让孩子试着做个“外交大使”

人不可能生活在真空里，都需要与他人交往。对于孩子来说，父母不能取代伙伴，父母给孩子的是爱，而伙伴给的却是友情。父母的爱让孩子有一个温馨的童年，伙伴的陪伴让孩子的眼界更宽，更为快乐。

与他人交流，需要什么？礼仪、礼貌必不可少，理解是永恒的基础，而大方、幽默更是让人觉得可亲可爱。孩子要成为小小外交大使，就不能是一个以自我为中心的自私的人。

把自己所喜欢的、热爱的东西分给他人，与他人一起享受，结果是什么？结果是分享让人得到的爱更多。孩子把手里的苹果与他人一起分享，最后得到的可能是两个苹果，但是就算没有回报，也不要气馁，因为孩子已经分享了快乐。

NO.1

父母再多的爱也不能取代同龄伙伴

朋友开了一间绘画工作室，上个月带着朵朵去体验了一把。朵朵去的那一天，孩子们在玩涂色，朵朵也坐在孩子们当中涂色。朵朵选择了两支彩色铅笔，艰难地涂了几行后，朵朵说了一句：“太难了，我不涂了。”就放下了铅笔。坐在朵朵前面的一个小男孩应声回头迅速看了看朵朵的本子，安慰道：“你涂得很不错了，我第一次涂色还没有你涂得那么好呢。”

朵朵一听，看了小男孩一眼，说：“是真的吗？”朵朵大方地说：“我叫朵朵，你叫什么啊？”小男孩说：“我叫昊昊，我们一起涂色吧。”朵朵坐到昊昊身边，拿起昊昊的作业，仔细地看了看，说：“昊昊你涂得真好。”在昊昊的帮助下，朵朵也开始涂色，昊昊还不断地鼓励朵朵说：“朵朵，你涂得很好！”在好朋友的鼓励和帮助下，朵朵顺利地完成了涂色工作。回家的路上，朵朵对我说：“妈妈，我以后还可以和昊昊一起玩吗？”我说：“当然可以。”为了能和昊昊在一起玩，朵朵也去绘画工作室学习了。

父母再多的爱也不能取代同龄伙伴，作为父母我们发现，和同年龄的小伙伴多在一起的孩子更懂事。上次明明妈妈对我说明明以前很不懂事，从来不懂得尊重别人，可是明明回到外婆家就变了。原来明明外婆家住在一个开放式的老小区里，小区的小孩子天天都在院子里玩，明明也天天和孩子们在一起玩。有一天明明抢小朋友的书，小朋友把书又夺了回去，并且告诫他，如果再这样抢他的书，就揍他。这件事让晨晨意识到应该尊重别人的权利和所有物，否则，就会遭到别人的抗议和惩罚。明明和小朋友在一起，同龄人的抗争使他知道别人也有利益，体验到什么是尊重别人。

孩子在家中,常常以自我为中心,全家人围着他转，尽心尽力满足他的合理或不合理需要。而和小伙伴们在一起情况就大不一样了，孩子们才不管你在家中是怎样的，参加他们的群体游戏活动就必须严格奉行规章制度。上次朵朵和小区的小朋友在一起玩，来了一个小男孩说他是“当官”的，大家要听他的指挥，结果大家哄笑起来，照样做游戏，没人理他。通过和小伙伴在一起玩，孩子就会明白，以个人为中心，独占玩具，企图支配和控制别人，在小朋友们当中是行不通的。这样孩子的专横行为就被约束，不会养成任性、霸道、不讲理的个性。

但是中国的父母有个通病，那就是为孩子挑选伙伴，父母总认为“近朱者赤，近墨者黑”。希望孩子和“好孩子”在一起玩。那么，什么是“好孩子”呢？不外乎是那些生在有教养的家庭中，学习成绩好，待人处事有礼貌的孩子。但是生活中不可能只有“好孩子”。在孩子们的交往中，无论是和好孩子在一起和睦相处，还是和调皮孩子在一起吵嘴打架，都让孩子积累了交往经验。

而国外的父母看法不同，他们认为每个孩子都有优点，也都有缺点。让孩子在与不同类型孩子的交往中，去发现别人身上的可贵之处，发现自己的不足。国外的父母很少掺合孩子的事，让孩子和自己觉得好的孩子在一起玩，不为孩子挑选伙伴，更不会背着小伙伴对孩子说“某某人很好，要多和他一起玩。”“某某人不好，要离他远一点。”因为在孩子们眼里这样背地里说人“坏话”是人品差的表现。

孩子愿意和哪个小朋友玩,由他去。孩子在挑选伙伴时有自己独特的理解，有些孩子喜欢和同龄人玩，觉得能玩到一起；有些孩子喜欢和大孩子玩，觉得大孩子让人，能照顾他；有些孩子喜欢选择和自己个性上互补的孩子做伙伴。父母应该做的是尊重孩子，给孩子自由选择伙伴的权利，给孩子创造交往的机会，敞开家门，允许孩子和任何小朋友玩。

朵朵的活泼开朗很大程度上得益于她喜欢和小朋友们一起玩，每次她和小朋友玩完了，虽然热得一身汗，但还是很开心，回家后像个小麻雀一样围着我们说玩耍时发生的好玩的事。缺少朋友的童年是不完整的，父母的爱会跟随孩子一生，但是同龄的小伙伴会是孩子一生的美好回忆。父母爱孩子，那么就让孩子走出去，走到孩子们中间去，和同龄的小伙伴们好好玩去吧，记得按时回家就行。

NO.2

孩子也有吃出来的优雅

上次带着朵朵去参加一个婚礼，几个带着孩子的妈妈自然就坐在了一起。吃饭之前，我告诉朵朵：“你想吃什么告诉妈妈，近一点的你自己夹，远一点的妈妈帮助你，好吗？”朵朵低声地说：“好的。”

婚礼进行到大半的时候婚宴也就开始了，朵朵拿起身前的餐巾铺在自己的腿上，然后把自己的盘子、筷子、杯子、小碗一溜摆开。她只吃离自己近的菜，每次有人转动餐桌她就把筷子收回来，我也帮助她把远一点的、不好夹的菜放到她碗里。几个妈妈都说朵朵是个优雅的小淑女，长大了一定是个优雅有气质的人。

坐在我们旁边的一个小男孩就有点让人受不了了，吃饭吧唧嘴不说，不停手的转转盘，一双筷子在每一个菜盘里都上下翻动，不仅不优雅还很不礼貌。

我们每天都要吃饭，吃饭的仪态很重要，父母要从小培养孩子优雅地进餐。这让我想起以前看到的一个节目，节目里介绍了英国人的“餐桌教育”。英国人对家教抓得很紧，可谓“无孔不入”，就连餐桌都成了父母教育孩子的家庭课堂，而且形成了一种社会传统。

英国人一向以“绅士”著称，他们对“进餐礼仪”非常看重。在英国，孩子从与大人一起上餐桌进餐时起，父母就开始向孩子传授进餐的礼仪，如何喝粥、如何吃西餐、如何与客人同桌进餐，先吃哪道菜、后吃哪道菜以及进餐时的穿着、如何与同桌客人交谈等。英国的孩子从一周岁左右开始，就懂得了如何在餐桌上像“绅士”一样进餐，如何帮助家长摆放餐具，如何得体地与客人同桌进餐。

在英国人看来，一个“无礼”的孩子，既是个人学养不够、家教缺乏的表现，也难以在社会上立足，长大后更不会有所成就。有些家庭对孩子进行“餐桌教育”时，还特地请来当地有名的教师，对孩子进行餐桌礼仪的教育。

每个孩子都有自己的进餐习惯，但是英国的父母认为孩子的进餐习惯是可以培养的，为此，英国的父母把“进餐习惯”纳入了“餐桌教育”的内容。在英国从孩子坐上餐桌的那天起，父母便鼓励孩子自己夹菜、进食。父母认为，孩子“自食其力”，有助于孩子独立人格的形成，这对于孩子将来走上社会能“独挡一面”、自食其力是一个不小的启蒙和帮助。英国的父母不仅给孩子讲解每道菜的营养、味道，让他们懂得珍惜他人的劳动成果和摄入更多的营养，而且还“亲口”给孩子作进餐的示范。所以在英国很多孩子都没有偏食、挑食的坏习惯，也没有任性、自私的习惯。

英国的父母非常重视对孩子的“环保意识”教育，在餐桌上，父母会教孩子区别哪些餐具是“环保餐具”，哪些塑料袋可能成为污染环境的“永久垃圾”。父母和孩子一般都拒绝使用一次性的餐具，厨房里产生的垃圾，孩子们也都按照父母的要求进行分类。另外，在餐桌上，父母也会对孩子进行节水、节能方面的教育，使孩子们从小就养成节约的良好习惯。

怪不得英国人都很绅士，原来寻常的餐桌，成了英国父母见缝插针的家教课堂。同样作为父母，中国的父母也要教给孩子一些进餐的礼仪、常识，让孩子优雅地进餐、带着环保意识进餐。其实进行餐桌常识教育，不仅锻炼了孩子本人，提高了孩子的个人修养，也给父母上了一课，让父母更为优雅，更为有礼貌地进餐。

吃饭从来不是小事，父母不仅要让孩子吃好、吃饱，更要让孩子吃出文明、吃出优雅。让我们像英国的父母学习，让孩子在餐桌上成为优雅和小公主和小王子。

NO.3

电影可以成为礼仪之师

上次朵朵爸爸带着我们看了一场老电影《窈窕淑女》，奥黛丽·赫本演的卖花姑娘经过训练终于变成一个让人们停止交谈、欣赏其令人倾倒的仪态的人。朵朵说："妈妈，那个阿姨太漂亮了。"我说："她只是漂亮吗？电影里那么多漂亮的人为什么大家只关注她呢？"朵朵想了一想，说："她漂亮，很讨人喜欢，大家都愿意看她。"朵朵还太小，不懂气质两个字，所以一直表达不出来。我告诉她："那个阿姨很有气质，又长得漂亮，所以大家都愿意和她在一起。"

第二天，朵朵对我说："妈妈，你也像电影里的那个人那样训练我，好吗？"我说："我可不是专业的，我们平时多注意细节就可以了，妈妈以后带你去学礼仪，好吗？"朵朵看着我说："把我也训练成那个漂亮阿姨那样就行了。"朵朵爸爸笑着说："看场老电影，我闺女懂得学礼仪了，不错。"

现在很多孩子不缺吃不缺穿，但是缺乏礼仪，像我和朵朵遇到的不好好吃饭的小男孩不在少数。也有很多妈妈跟我说孩子在礼仪教育方面困惑很大，每次碰到人让孩子打招呼就是不愿意，低着头很怕羞，闹得大人觉得很没面子。长期以来，中国的父母形成了这样一种认识，子女在外待人接物懂不懂礼仪，不仅反映个人的素质，也关系到一个家庭的声誉。孩子在外对人有礼貌，人们都会由衷地夸他受的"家庭教育好"，而一个孩子不尊重社会公德，往往被人训斥为"缺少家教"。

《弟子规》中规定："或饮食，或坐走，长者先，幼者后。""长者立，幼勿坐，长者坐，命乃坐。"这些礼数的规定，虽然让现代人觉得很烦琐，尊卑长幼的等级观念过于浓厚，但对于规范人们的行为举止，调节人与人之间的关系，还是很有必要的。可是我们也发现父母们知道礼仪的重要性，却很少教育孩子要如何做，现在四二一的家庭结构使很多父母、长辈认为孩子小的时候最重要的是“吃穿”二字，礼仪、礼貌长大一点再教也可以。可是遇到孩子没有礼仪的时候，父母又会念叨孩子，这就成了恶性循环，最终的结果是孩子没学到礼仪还时常被骂。

不仅中国重视礼仪，国外很多国家也很重视礼仪，但是与中国不同的是这些国家把重视变成了教育，让孩子很小就学习礼仪。

在日本，孩子摇摇晃晃开始走路时，就要给父亲鞠躬、给哥哥鞠躬，还必须懂得鞠躬的程度。一个日本人必须懂得在哪种场合该行哪种礼，而且从孩提时就得学习。不论在家中或餐馆内，就餐座位都有等级、长幼区别，孩子一定要坐在自己该坐的位置，在吃饭前必须说一声“那就不客气了。”

韩国的父母对孩子的礼仪教育，随时随地进行，大人给孩子东西时，孩子一定要双手接过，鞠躬道谢。孩子见到邻居、熟人，要主动上前鞠躬问候。孩子每天早晨上幼儿园，见到老师必须鞠躬问候，当父母离开时，老师还会要求孩子向父母鞠躬道再见。

美国人尤其注重培养孩子公共场合的文明礼貌，要求孩子讲究礼节，不穿着背心、短裤、拖鞋出入公共场所；衣须整洁，切勿身带异味。美国人强调社交技艺，教孩子如何以适当的方式与成人打招呼，教导孩子要谨言慎行、而且要牢记“关心、同情和体贴”。

英国家庭素有“把餐桌当成课堂”的传统，从孩子上餐桌的第一天起，父母就开始对其进行有形或无形的“餐桌教育”。长辈入座后，晚辈才可以入座。吃饭时，不要大声喧哗或敲打碗筷。用餐完毕，要给长辈打招呼“我吃完了。”然后才能离开。

作为父母，我们难道让孩子输在礼仪的起跑线上？那么就从现在开始培养孩子的礼仪吧。孩子的行为习惯很多是模仿父母的，所以父母要以身作则，树立榜样，养成良好的行为习惯。如果父母要求孩子把东西摆放整齐，而自己却随手乱放东西；要求孩子饭前洗手，自己却不洗手就吃饭……在这样的教育下，孩子难以养成良好的行为习惯。父母须从小事开始，如坐的姿势，说话的礼貌用语，对长辈的尊重等等，成为孩子最好的示范，才会让孩子学到好的行为习惯。

“生活环境，是孩子品德最好的教师。”许多家教成功的父母都“十分留心每日的生活，在欢愉的气氛中，对孩子进行启蒙。”创设彬彬有礼，愉快活泼，和谐协调，相互尊重关心、理解和信任的文化氛围是搞好礼仪教育的主要条件。作为父母，应该努力建设一个充满理解、信任和亲情的幸福家庭，这正是孕育良好礼仪素养的摇篮。

俗话说：“坐有坐相，站有站相，吃饭有吃饭的相。”礼仪教育是一个由浅入深，从低到高，循序渐进，不断发展的动态过程。父母对子女的引导应该体现在日常生活中的时时处处，点点滴滴。比如早晨离开家时，父母要让孩子和家里人说“再见”，到幼儿园要问“阿姨好”，“小朋友好”等等。父母每次发现孩子的问题就及时纠正，慢慢就养成了良好的礼仪。

让举止粗野，俗不可耐的人在很短的时间内，成为温文尔雅的绅士，成为优雅的淑女，是绝不可能的事。“因为一个人的风度气质是长期训练之后形成的”。心理学家指出“良好的文明习惯和道德习惯，我们提倡重复和练习养成。”作为父母，必须向孩子提供良好习惯的训练，不时地对孩子进行有意识的重复的礼仪练习。父母要想孩子成为一个文明有礼貌的人，就要让孩子反复练习，使之习惯化。

孩子良好礼仪行为习惯的形成并非一朝一夕的事，父母不要指望会有希金斯教授那样的人从天而降来教育训练自己的孩子，自己平时从点点滴滴的小事上引导孩子，这样才会有一个德智体美全面发展的健康孩子。

NO.4

有魔力的词背后的礼貌

去年朵朵上中班，有一天放学回来，朵朵问我：“妈妈，我问你，你知道哪两个词有魔力吗？”“有魔力的词”我第一次听说，我对她说：“妈妈不知道是哪两个词，朵朵告诉妈妈呗。”朵朵歪着头笑着说：“就是‘请’和‘谢谢’啊，我们老师说了对人说话用了这两个词，别人就算再生气也会笑的。”

我告诉朵朵，“请”和“谢谢”本身没有魔力，它们所表现出来的礼貌才是最有魔力的，我们不论对什么人都要有礼貌，这样别人才会打内心里对我们笑。很多时候礼貌不仅仅表现为“请”和“谢谢”，还要从别的方面表现出来。

现在的孩子都是独生子女，在家是个小皇帝，又是个小太阳，所以现在的孩子基本都是要风得风，要雨得雨，以自我为中心。父母在给孩子丰厚的物质条件的时候要让孩子知道有礼貌的孩子大家都喜欢，而没有礼貌的孩子是不受大家欢迎的。有礼貌是中华民族的优良传统，父母要培养孩子做个有礼貌的人。

离中国很近的新加坡不仅富有，更是个文明的国家，这与国家的政策有关，新加坡一直的目标就是建设成为一个“富而有礼”的国家。新加坡把“仁、智、勇、义、礼、廉、耻”作为政府必须贯彻的“治国之纲”。仁义道德、礼仪礼貌成为国家的“治国之纲”，那就不难想象，新加坡人对礼仪礼貌的重视程度以及自身的文明程度该有多高。

马来西亚人也很注意礼貌，马来西亚人有一个可爱的习惯，就是不管什么时候打喷嚏，都会脱口而出“Excus me！”（请原谅！）。原来马来西亚的小孩儿从小就听父母说，每个人的身边都有很多精灵，有给你带来好运的，也有给你带来厄运的，它们时时刻刻伴随在你的身旁，当你突然打喷嚏的时候，很有可能吓到它们或把口水喷到它们，所以要请求他们的原谅，否则它们一直都会捉弄你。

前不久在和一位生活在德国的妈妈交流时，这位智慧女性说了一个观点，“礼貌和教养是两回事，需要分开来看。礼貌是外在的，是可以后天培训出来的，但是教养是深藏于内心的，和生长的环境密切相关。”那我们如何来培养孩子的礼貌？

父母不要期望孩子在没有帮助的情况下有好的礼貌，如果孩子在游乐场拿走了别的小朋友的玩具，父母要马上介入并坚持让他把玩具还回去。要告诉他，如果他不把玩具还回去，将受到惩罚。父母要及时制止孩子的不当行为，在礼貌问题上，必须让孩子知道他没有选择。对于没有养成的礼貌，不断地提醒是有帮助的。当一个孩子小的时候就不说“对不起”时，可以通过童话故事里的人物来提醒他们的行为，并及时提醒以使他们不用想太多。

父母要对孩子进行正面的鼓励，有时不妨对孩子进行小小的奖励。孩子做对了就要对孩子说：“好样的，做的好”，如果孩子说“请”，他们所要的东西就会作为他们的奖励。父母的赞美和肯定就可以让孩子坚持自己的正确行为，从而养成有礼貌的好习惯，当然这需要父母有足够的耐心和不断的坚持。

随着孩子长大，语言能力的提高，父母可以和孩子讨论他认为正确的礼貌。父母与孩子交谈，告诉孩子对他们的期望，并倾听他们的愿望，在没有按要求做的时候不满足他们的愿望。比如：孩子想饭后看动画片，但在吃饭的时候又不好好吃饭，就可以告诉他不好好吃饭的结果，就是不能看动画片。

我们都知道，西方是不要求孩子小时候用尊称“叫”父母的，都是用名字相称，但是并没有因为这一点，孩子长大以后就不讲礼貌了。西方的父母都是慢慢培养孩子礼貌，父母在教育引导孩子的同时要能够以身作则，做一个合格的示范。

“请”和“谢谢”引导出来的是更深层次的礼貌，孩子们不仅要会用这两个有魔力的词，更要时时表现得有礼貌，这样才会成为合格的人才。

NO.5

让孩子学会理解别人

今年夏天，有一天吃过晚饭，朵朵、朵朵爸爸和我三个人到广场上纳凉，朵朵坐在我们面前玩她手里的魔方。广场上有一对父子在玩轮滑，小男孩只有3、4岁的样子，应该是刚在学，就算有他爸爸领着他也时不时地摔跤。他们父子俩玩了半个小时左右，爸爸有点烦了，说：“你怎么回事？怎么老是摔跤？”小男孩委屈地看着爸爸，眼泪汪汪的很可怜的样子。爸爸更生气了，大声地说：“说你一句你就要哭，一点男孩子的样子也没有。”说着就收拾东西准备回家，拉着小男孩的手说：“走，走，我们回家，再也不带你来玩了。”

等他们走远了，朵朵慢悠悠地说：“当那个爸爸的儿子真累，小弟弟刚学哪里有不摔跤的。”我和朵朵爸爸说：“你倒是挺理解那个小男孩的，你怎么刚才不对那个叔叔说？”朵朵抬头看着我们，说：“那个叔叔那么凶，我才不说呢。”

朵朵倒是挺会理解别人的，这很让我高兴。一个人生活在社会中，如果想要与他人友好相处最重要就要学会理解别人。在国外，父母总是要教导孩子理解他人，提高孩子的交往能力。外国父母常和孩子一起“演戏”，让孩子扮演不同的角色，让孩子体验不同角色的所思所想，从而能更好地理解他人，在人际交往中取得主动的地位。

那么，中国父母如何培养孩子理解他人的能力呢？理解他人首先就要尊重他人，尊重是人的一种心理需求，只有善于尊重别人的人，才能赢得别人的尊重。人人都有自尊心，都希望得到他人的尊重。俄国教育家别林斯基曾说过：“自尊心是一个灵魂中的伟大杠杆。”当人的自尊心得到了满足时，他就会心情愉快地去做一切事情。

有一次我和朵朵一起从卫生间洗手出来，我问朵朵："朵朵，洗手的水能喝吗？"朵朵说："当然不能。"我告诉朵朵以前英国有个公爵就把洗手水喝了，朵朵难以置信地问："真的吗？那多难喝啊。"朵朵爸爸接着说："他喝的是还没有洗手的水，因为公爵接待了一位印度来的贵客，而这位贵客不知道送上来的是洗手水，还以为是清汤呢，就先喝了。公爵为了尊重贵客也把洗手水喝了，这位公爵是不是很厉害？"朵朵说："是的，但是我现在不喝洗手水。"朵朵爸爸说这个公爵后来当了国王，他不论与谁相处都很尊重对方，我们也要做一个尊重别人的人。

"我们都不是伟大的人，但我们可以用伟大的爱来做生活中每一件平凡的事。"理解他人就要关心他人、爱他人。关心他人并不需要轰轰烈烈的举动，也许仅仅是一个微笑，一声赞许，一个轻轻的拥抱，一个依靠的肩膀。父母不要让孩子认为自己小就只接受关心，那样只会让孩子越来越自我，要让孩子从细小的地方着眼，关心他人。

"同情，是所有人类最渴望的东西。孩子会急着展示伤口给你看，来赢得你的同情。其实成人也一样，总是喜欢谈自己真实而虚构的种种不幸，来争取你的同情。"同情心是对别人遇到的麻烦、烦恼、不快及意外给予真诚的关心，而不是视而不见、麻木不仁、冷漠处之与幸灾乐祸。父母要告诉孩子同情心是一种爱，是一种友谊与理解，是平等的。要让孩子知道与他人交往，一颗包容的同情心是必备的。

"人们寻求他人的理解，就像花儿渴望阳光那样迫切。"每一个人都渴望被人理解，孩子也是一样的。父母要告诉孩子在与他人的交往过程中如果希望别人理解自己，那么首先就要理解别人。"我知道你的感受！""我很理解你的心情！"这些话不仅要说给对方听，还要切实地站在对方的角度想问题。

无论何时何地，我们都要努力去理解别人，并且要向对方传达我们的理解。孩子在和小朋友相处的时候如果多一份理解，那么他的朋友将会更多，他的心胸也将会更宽阔。

NO.6

分享的结果是得到两个苹果

前几天带着朵朵到楼上东东家玩，东东热情地拿出他的玩具邀请朵朵一起玩。朵朵看见有一个玩具卡车挺有意思的，就想拿着玩。没想到东东一把就抢了过去，还对着朵朵喊：“你不能玩！”朵朵被东东吓着了，愣了一下，又玩别的玩具。

一会儿朵朵看到东东的玩具盒里有一个漂亮的石头，就问东东：“东东，我可以玩这个石头吗？”东东一下子就抱住玩具盒，大声对朵朵吼：“不准碰！”朵朵看了看东东，转过头对我说：“妈妈，我们回家吧。”东东妈妈劝了东东好一会儿，可是东东就是不让朵朵玩，朵朵玩了一会儿我们就回家了。

回家后，朵朵对我说：“妈妈，东东就不会分享吗？我又不会把他的玩具卡车拿走，我又抱不动他的石头。”我看到朵朵生气的样子，劝她：“东东不会分享，朵朵会分享，是个好孩子，因为东东比你小，以后要是有好玩的玩具，我们还是要和东东一起分享啊。”朵朵懂事地点点头，说：“我才不会学那个小气鬼呢。”

所谓分享，就是把自己所喜欢的、热爱的东西分给他人，与他人一起享受。分享，是一种境界，是一种智慧，是一种升华，是与人方便、与己方便。在西方国家有一则故事，说是有一个人想要探求天堂的幸福与地狱不幸的人的生活状况，于是他来到地狱，那里的人坐在饭桌前个个愁眉苦脸不吃饭，原来他们面前是一个个跟胳膊一样长的长勺，根本就没有办法把饭菜送到嘴里，他感叹：地狱的人活着真受罪。他又来到天堂，天堂的人与地狱的人所处的环境，竟然一模一样。但是天堂的人都满脸微笑，因为他们是用自己手中的长勺，盛满了饭先给对方吃。这个故事生动地告诉世人，人活在这个世上，一定要学会分享与给予，养成互爱互助的行为习惯。只要学会分享，地狱也能变成天堂。

分享的结果不是自己的东西少了，很多时候是“得到两个苹果”，父母要教孩子与人交往时学会分享。父母可以用生活中的小事，教会孩子与他人分享。有的时候分享的结果并不是“得到两个苹果”，父母要让孩子坦然接受，因为在这个过程中孩子感受到了分享的快乐。

父母可以教孩子一些协作性游戏，在这些游戏中，玩的人需要合作去达到一个共同的目标。比如一起玩拼图，轮流往拼版上放拼图块。父母还可以让孩子与小伙伴一起分享美食，做一些好吃的让孩子去和小朋友们分享。这样一来，分享就变得好玩有趣，孩子就愿意与他人分享、合作。

父母可以让孩子说出自己的感受，如果孩子们为玩具发生争执，父母要帮助他们搞清楚到底是怎么回事，如果孩子没有表现得特别大方，要问问他是怎么回事。很多时候孩子并不是不愿意与他人一起分享，而是有其他情况存在，比如玩具已经够了不需要分享。

父母不要因为孩子小气而惩罚他，有的父母看到孩子小气，就对孩子说不分享就要收拾他，或者强迫他把喜欢的东西给别人，那父母只会培养出孩子的怨恨情绪，而不是慷慨大方。父母鼓励孩子分享要从正面去强调，而不是训诫。

有的孩子特别爱惜自己的东西，他会觉得别人不会爱惜自己的衣服、书、玩具，他就不愿意把这些东西给别人，哪怕一会儿也不行。父母要尊重孩子的东西，并且要确保“分享”这些东西的人也尊重、保护他的东西，这样孩子才乐于与大家一起分享。

让孩子学会大方的最好方法，就是让他亲眼见证这种品质，所以父母要给孩子树立榜样。父母和孩子一起分享冰淇淋、把妈妈的围巾给孩子让他扮超人……父母的行为让孩子看到父母在给予、获取、妥协和与他人分享方面的行为，孩子就会学会与他人一起分享。

当人们主动与别人分享本属于自己独有的一份东西时，常常能赢得别人的好感，从而为进一步交往打下基础。而那些只习惯于独自享受，在为自己谋利的过程中，不顾别人利益的人是很难与人相处共事的。

世上有很多东西我们都应该学会分享，因为只有学会分享，才能得到快乐；只有学会分享，才能得到幸福。父母要想孩子以后愉快地与他人相处，那么请教会孩子与他人分享，父母要让孩子知道，快乐，只有和他人一起分享，才是幸福。

NO.7

在打闹中培养孩子的社交能力

有一天朵朵回家告诉我："妈妈，今天康康的妈妈到幼儿园找老师算账了。""算账，算什么账？"我惊诧地问道。朵朵说："康康妈妈说康康昨天回家身上都紫了，今天到幼儿园找老师问个明白。"康康，我记得是个精力旺盛的小男孩，每次看到他都在和小朋友打闹，小男孩淘气是正常的，他妈妈去幼儿园兴师问罪有点不太理智。

第二天，我到幼儿园听到几个家长在那里讨论，原来康康妈妈头一天找到和康康经常在一起玩的几个孩子，当着孩子家长的面要问个清楚。结果发现这几个孩子胳膊、腿上都和康康一样有些紫，几个家长还没有"说道"清楚，孩子们又凑在一起打打闹闹起来了。有个年岁大一点的奶奶说："康康妈妈这是做什么啊，小孩子在一起打打闹闹的很正常，她要这样做以后我们都不让孩子和康康一起玩了。"据说后来康康妈妈给孩子们买了好多水果去赔了情，孩子们才和康康在一起玩。

在孩子的游戏当中，很多都是与身体冲撞相联系的，孩子们正是在这种游戏中体验自己的力量，发现自己的强度和限度的。如果一个孩子谁都不接触、不碰撞，也从不允许别人来碰触自己，可以想象这个人是多么缺少感情，一定很难和其他人相处、交流。

父母不要以成人的眼光来看待孩子之间的打闹，他们这种打闹更多的带有游戏的成分，只是一种玩耍而已。在玩耍的过程中，孩子们慢慢学会与小伙伴之间应该如何交往，对他们来说，没有吃亏与不吃亏的概念。父母对孩子之间的打闹不必大惊小怪，即便孩子们打得胳膊、腿都青了，他们过一会儿又搂抱在一起了。

孩子的天性是一样的，国外的孩子也爱打闹，可是他们的父母就没有康康妈妈那样反应激烈。在国外，父母的说法是只要能保证孩子不出大的意外，没有必要把孩子们之间的打闹看得过于严重。

作为父母首先要端正心态，即便孩子天天回家告状说谁谁欺负他了，甚至把他身上的“伤”展示出来，父母也不要紧张，因为有的时候孩子并不是要诉苦，孩子的展示仅仅是展示。如果父母紧张了，孩子便从父母的话语、神态、动作中感受到不安，无形中产生压力，久而久之就不敢与伙伴们在一起玩了。

看到孩子身上紫了，康康妈妈那样拉着孩子去算账是轻的，有的父母甚至直接帮自家孩子去打对方的孩子，父母这样做是帮孩子吗？其实是大错特错。小孩子打打闹闹本来是不记仇的，但是父母在中间插一杠子，就会给孩子的社交造成很大的压力，让本来顺其自然消失的事情变成严重的敌我矛盾，孩子在小伙伴中变得更加孤立并且被人看不起。

父母要尽量淡化孩子在与小伙伴的矛盾中的负面情绪，鼓励孩子继续和小伙伴在一起玩。如果父母让孩子别跟打人的孩子一起玩，那么孩子的负面情绪就会加重，最后孩子在小伙伴中成为孤家寡人。

父母应该为爱动的孩子提供宣泄能量的机会，比如鼓励孩子玩滑板车、自行车或是轮滑，多让孩子参加一些体育活动，帮助孩子减少内心消极情绪的积累。适当的时候也要允许孩子哭，让孩子宣泄出自己的不快，只要不伤害他人，父母都要尽量宽容。

孩子的精力是十分旺盛的，尤其是男孩子。几个男孩子聚在一起时难免会打打闹闹，其实这是他们精力的释放方式，父母不必担心，更不要上前阻拦。就算孩子在打闹中磕坏了、碰伤了，也不要惊慌，那是孩子成长中应该付出的代价，只要伤得不重，那么让他们继续玩吧。

NO.8

教育孩子不要以自我为中心

今年春天，有一天，我们一家三口带着吃的去小公园野餐。我们坐在小亭子里，旁边坐着另外一大家人。朵朵对我们说：“人家小朋友就和爷爷奶奶一起来公园玩，我也想和爷爷奶奶一起来。”我说：“等爷爷奶奶来了，我们再带你来公园，好吗？”朵朵这才开心地笑了。

我们坐着享受美食，这时旁边的小孩子开始撒娇了，那是个4岁左右的小女孩，穿着一身粉红色的衣服，很漂亮也很可爱。小女孩说她想吃鸡腿，爸爸说：“现在上哪里买鸡腿，有什么就吃什么。”小女孩就坐在那里生气，爷爷看不下去了，说：“乖乖，你坐在这里，爷爷出去给你买。”爸爸虽然不愿意，但是他又不想老人跑路，只能自己去买鸡腿。我们坐在那里玩了一个多小时，小女孩就像个指挥家一样，指挥着爷爷奶奶爸爸妈妈，这些长辈也很听话，都围着小女孩团团转。

我们离开后，朵朵说：“妈妈，那个小妹妹好厉害，她们家人都围着她转。”我说：“她那样是不对的，你要记住不要以自己为中心，不要自私。”朵朵笑着说：“以自己为中心？我们班的双胞胎在家谁才是中心啊？”我们没有办法回答她，只能和她一起笑。

现在的孩子多以自我为中心，以自己的需要为目标，不懂谦让，像公园里这个小女孩一样的小朋友真不在少数。著名的心理学家皮亚杰认为这种特征就是“自我中心性”。美国、日本、法国、瑞士、中国等国家也有类似的说法，也就是说，不同国家和民族的孩子，在成长过程中都显现出这种自我中心性。

在中国，独生子女一个人独享父母的关爱，再加上祖父母、外祖父母的溺爱，这些孩子往往从自己的角度去说话做事，很少顾及他人的感受，不会替他人着想，更不会关心别人。这样的孩子长此以往就会固执己见，惟我独尊，显现出自私和狭隘的弱点。

父母要让孩子走出以自我为中心的狭隘思想，就要让孩子走出家门，看一看外面的广大天地。父母要创造机会有意识地让孩子多与同伴接触，扩大孩子的交际圈。"坐井观天"的孩子总是处于家人的关爱中，看不到别人的优点和长处，只会觉得自己什么都好，只会以自己为中心。孩子多和小朋友接触，去发现别人的优点和长处，孩子才会知道自己也有弱点，也不是事事都对。"三人行，必有我师。"如果父母能教育孩子从小每遇到一个人，都能向他们学习一个优点，那么孩子一定会非常优秀。

有时候孩子之所以事事要先满足自己，不愿意让别人，是因为他们认为谦让别人自己就失去了许多。父母应该理解孩子这种难以割舍的"痛苦"，让孩子明白谦让不是失去，分享有时候会让自己得到得更多。父母鼓励孩子与别的孩子相处，让他们彼此关心、爱护、体贴，这样孩子就可以走出自我为中心的狭窄天地。

父母不能只是让孩子理解谦让、合作这些概念，更要有意识地引导孩子去做一个谦让的人，善于与他人合作的人。父母引导孩子关心他人，懂得先人后己，从而发展孩子与人交往的技能。有时候可以让孩子参加一些集体性的游戏，在游戏在角色分配中，让参加游戏的孩子相互协商分配角色，当孩子的意愿与游戏角色相吻合，或者没有争议了，游戏就开始了。让孩子通过思考，自觉产生合作的语言和行为。让孩子在认真模仿角色中，体验他人的处境和情感状态，产生情感共鸣，萌发了他们分享的愿望。

3岁以上的孩子经常会有认识上的错误，常常有以自我为中心的想法。但是孩子还小，还不懂如何正确认识自己的行为，如何让自己走出自我这个中心。父母要放开手，把孩子送到小朋友中间去，送到集体的环境中去，这样孩子自然而然就不会以自我为中心，也会成为一个谦虚的可亲的好孩子。

第八篇

父母要做哪条鱼?

什么样的爸爸是好爸爸？会买上一堆好吃的开着汽车去兜风？什么样的妈妈是好妈妈？会做饭会洗衣会晚上睡觉前给一杯热牛奶？这些都不是唯一的答案，当然也不是正确的答案。

孩子，尤其是0～6岁的孩子，都是小人精，父母在对他们寄予厚望的同时，他们也在观察，考验父母。在孩子们眼里父母有的时候是万能的，有的时候又是“万万不能惹的”。

父母要把孩子推向国际，推向世界，那么，父母应该做一个怎么样的“推手”？不能做孩子的上司也不能做他的奴仆，要与孩子平等对话；不能对孩子的热情进行打压，而要引导……父母，你要做哪条鱼？由你自己定。

NO.1

让孩子一个人睡觉

表妹打电话说妹夫让她培养月月一个人睡觉，表妹无不心疼地说："月月才刚刚两岁，哪里能一个人睡觉啊。他还不就是觉得月月晚上吵着他，他想安安静静地好好休息，真是个自私的爸爸。"我说："月月太小，一个人一个屋地睡不太安全，要是他怕惊醒了月月，你可以在你们卧室放一张小床，让月月一个人睡一张床，那样她爸就会安心睡觉了。"我还告诉表妹朵朵是3岁的时候独自一人一个屋地睡觉的，两岁的时候已经一个人一张小床了。表妹在我的劝说下，终于答应让月月一个人睡觉。从这两个月的情况来看，月月一个人睡觉很好，不但没有翻下床来，还每天晚上睡得很香。

对于爸爸妈妈来说，工作一天很辛苦，能安安静静、宽宽畅畅、舒舒服服地睡一个晚上是多么惬意的事情啊。身体放松，心情放松，休息好了自然就会保持旺盛的精力。可是床上要是有个小宝贝，那就不一样了，就算孩子晚上很乖不需要多少照顾，可是一个小小的人睡在旁边总是让人翻身都不敢有大动静。所以我很理解表妹夫的想法，让月月一个人睡觉，解放了他，让他能够踏实睡觉，也算是月月爱爸爸的表现了。

在国外孩子很小的时候就一个人睡觉，外国的父母大多采用经由"独床"再到"独睡"的方式，不仅让孩子可以自由地睡觉，也让父母能够踏实睡觉。中国的父母总是考虑很多，常常让宝贝和父母一起睡觉。其实让孩子一个人睡觉好处很多，首要的就是帮助孩子树立独立意识。孩子和父母一起睡，他时刻都接受着父母的照顾，这样下去孩子就该认为父母给予他的无微不至的照顾是应该的，久而久之，孩子就形成了依赖心理。孩子一个人睡觉，孩子自己掌控睡眠空间，自己睡觉，自己起床，自己穿衣服，自己脱衣服，甚至自己收拾床，很快就能形成良好的睡眠习惯，独立性和自理能力也就慢慢培养起来了。

本来在有了孩子以后，家庭的重心就都转移到了孩子身上，平时的生活起居、谈论的话题，好多都是和孩子有关的，夫妻间的相互关心比起以前少了许多。到了晚上，还要哄着孩子入睡，遇到难缠时要哄好长时间。等孩子睡了，父母也困倦不已，天天如此势必会影响夫妻间的感情。让孩子一个人睡觉有利于夫妻间的感情交流，促进家庭关系和谐。为了孩子在独睡的时候不会有被抛弃的感觉，爸爸或者妈妈在睡前花上10～15分钟时间和孩子待在一起，轻拍着孩子，等他安静下来，爸爸或妈妈就可以悄悄离开了。这样既不会让孩子觉得孤独，也给父母足够的的时间和空间，有利于家庭的和谐。

研究表明成人和幼儿一起睡很有可能打扰宝宝的睡眠，因为，夹在两个大人中间的孩子，就如同生活在夹缝中，父母呼吸的是上层新鲜的空气，而留给中间孩子的更多是父母呼出的空气。没有新鲜、充足的空气，孩子如何能有高质量的睡眠？孩子如何能健康地成长呢？由此说明，孩子独自一人睡觉有利于他健康和智力发育。

中国妈妈舍不得让小小的孩子自己一个人睡，总是以方便照料为理由让一家三口睡在一张床上。有研究表明，让孩子独睡一房，通常是在3～5岁之间更好。朵朵就是在3岁的时候开始一个人睡觉的，两年了，她现在都是独自一人睡觉，独立能力比同年龄的小朋友高出很多。

一天的时间，睡眠就占去了1/3，我们的生命又有多少是在睡梦中度过的呢？醒着的时候，我们在成熟，孩子在长大；睡着的时候，我们在渐渐变老，孩子仍然在渐渐长大。父母爱孩子，那么就请给孩子一个独睡的空间，让他独自慢慢长大吧！

NO.2

尊重孩子的隐私

上个月朵朵过生日，那天她收到了很多礼物包括小朋友们送给她的小小“神秘礼物”，朵朵一边往自己卧室里搬，一边说：“妈妈，这是我的东西，你不能翻哦。”我笑着说：“好的，我不翻你的东西，你放心吧。”

朵朵这样的担心来自于她看到楼下洋洋和他妈妈的争吵，那天早上我和朵朵去幼儿园，刚出大门就听到楼下洋洋和他妈妈的声音。原来洋洋早上去上学，路上想起来作业忘记放进书包里了，于是就回家了，回家他发现他的日记本、同学们送的生日礼物、贺卡乱七八糟地堆在桌子上，她妈妈手里还拿着他的一本日记本在看。我们听到洋洋非常生气地质问妈妈：“你为什么翻我的抽屉？”洋洋妈妈也很生气，大声地说：“怎么了？我当妈妈的看看儿子的东西还有错吗？”洋洋跑到门口，一边穿鞋一边说：“可是你应该经过我的允许才能看！”洋洋妈妈看到我们下楼，声音低了点，说：“小孩子有什么允许不允许？别忘了我是你妈妈，好了，快去上学吧！”

洋洋气呼呼地跑着上学去了，朵朵问我：“妈妈，妈妈就可以看孩子的东西吗？”我摸摸她的头，说：“你放心，以后妈妈要看你的东西会先问问你的。”

中国很多妈妈都和洋洋妈妈一样，认为自己是妈妈，儿子、女儿的东西就没有理由不能看。在这些妈妈的心中，不是缺少爱，而是缺少尊重，就算作为妈妈也要尊重孩子的隐私。说到“隐私”，中国父母总觉得那是大人的事，与孩子、特别是学龄前的孩子不搭界。但加拿大父母却认为，其实孩子也有隐私，父母、长辈理应对孩子的隐私尊重和保护。

加拿大的父母普遍认为，尊重和保护孩子的“隐私”，从本质上来说，就是尊重和保护他们的自尊心。日常生活中，父母在孩子面前的一言一行都须经过大脑“过滤”，不会在信口开河中无意间就“揭”了孩子的“隐私”，使得孩子失去自尊心。

孩子往往对诸如尿床之类的“毛病”十分敏感，因为他们觉得这些缺陷会使自己在同伴面前“丢面子”。所以父母无论在什么时候也不要在孩子的小伙伴面前提及孩子的“毛病”，更不应该作为笑话一样进行嘲笑、挖苦。

一些在父母看来微不足道的“曾经的过失”，也会使得某些孩子长期耿耿于怀，只要有人提起，他们便会有“被揭伤疤”之痛。某次游戏得了最后一名，某次表演砸了锅，某次郊游出了洋相，甚至小时候爱哭等等，都有可能成为孩子的“伤疤”，父母不要轻易去提起，以免让孩子觉得难堪。

朵朵班上有个小女孩很漂亮，就是个子有点小，每次要是有人说她个子小，她就会哭，甚至会问她父母：“爸爸妈妈，为什么我这么矮，我以后长不高吗？”惹得孩子父母对问话的人怒目而视。其实孩子如果有矮小、过胖、过瘦、眼小等生理或身体上的缺陷，尽管是“明摆”着的，但如果父母或他人时不时提及也会使孩子失意。即便说的是很久之前的事，如出生时像难看的“小老头”，孩子听了也觉得是在揭他的隐私，也会不快。

孩子往往十分看重自己独处的小天地，并将其视为自己的“私人领地”。如果父母经常未经孩子同意在其“领地”里“检查”一番，在孩子看来也是对自己“隐私”的公然侵犯。父母要给孩子一块属于自己的“领地”，这块“领地”不在于大小，可以是属于孩子自己的一间小卧室，也可以是为孩子营造的一个“孩子角”，甚至是一个带锁的抽屉或小箱子。

尽管孩子并不爱钱，也不懂得理财，但如果父母经常对孩子保存的“私房钱”做“结算”，甚至占为己有，孩子也会感到自己的隐私没有受到父母的尊重和保护。父母要明白一个道理，那就是“看透不说透”，让孩子自己保管自己的零花钱，不仅可以培养孩子的理财意识，还可以保护孩子的隐私。

有了独立自我意识的孩子就有自己的隐私，尽管在大人看来，孩子的这些所谓的隐私压根就不值得一提，但对于他们来说却相当重要。我们每一个成人也曾经是孩子，当我们还是孩子的时候不也觉得自己的秘密很了不起吗？长大后才发现曾经的幼稚可笑，也渐渐丢失了可贵的童心。

中国父母要打破自己的传统观念，把孩子当成一个人那样去尊重，有时候可以把孩子当成当年的自己，给孩子一个自己的空间，尊重和保护孩子的隐私。不要让孩子成为一个透明人，尤其是当着众人或别人的面。其实父母适当放手，尊重孩子的隐私，给孩子一个相对宽松的环境，更有利于孩子的自主发展。

NO.3

不做孩子的上司也不做孩子的奴仆

前不久参加了一个育儿沙龙，参加的尽是年轻的妈妈，本来大家是去做交流的，最后成了批判会、诉苦会。有一个妈妈说："我儿子只有5岁，他懂什么？他现在就要听我们的，我把我儿子每天的生活安排得妥妥当当的，他就要按我说的去做，不然，就要挨揍。"大家都感叹于这个强势妈妈，大家问她："你儿子现在乖不乖？应该很好管。"这位妈妈叹了一口气，说："现在就是太乖了，我都怕他长大了没有主见。"

另外一个妈妈也叹了一口气，说："我女儿要是听我的就行了，她3岁以前都是爷爷奶奶带着的，现在在家就是公主，我们全得听她的，她爸爸说我快成孩子的奴隶了。"其他的妈妈也感叹说自己的孩子也有些爱奴役人，在家什么都不做不说还爱指挥别人。

我以前看过一篇报道，"中国的父母相当可怜，一面是孩子的主子、上司，另一面是孩子的奴仆、下属，始终找不到和孩子平等相处的位置。"这个沙龙仿佛就是为这句话开的现场会，让我认识到这句话在生活中是实实在在存在的。

中国父母似乎都有一个雄心，要亲手安排好孩子的整个未来。从入学、升学到工作、出国，从买房、买车到结婚、生子，皆未雨绸缪，为之预筹资金，乃至亲自上阵拼搏，觉得这样才是尽了责任。孩子的未来岂是父母决定得了的？孩子的未来，掌握在他自己手里，父母需要做的只是帮助、引导、教育。

爱孩子和教育孩子本来应是一码事，但中国的父母却把爱和教育当成两码事，把爱和教育隔离开来，中国的父母对孩子爱得无以复加，但却不知道如何教育孩子长大。中国父母做孩子的上司也好奴仆也好，都是在爱孩子，但是不是教育孩子，让我们看看国外的父母如何教育孩子吧。

美国父母把尊重孩子放在第一位，美国父母认为，除营养和知识外，孩子们更需要的是尊重。美国父母和孩子讲话，从不高高在上，而是平等地与孩子交流。孩子做错了事，父母很少指责孩子，而是委婉地告诉孩子“下次就不会这样做了。”美国父母不会像大多数中国父母那样事事替孩子做决定，而是对事物进行解释和说明，让孩子自己做决定。在美国，父母与孩子之间的关系是平等的，有时候孩子会把父母当成朋友一样对待。

英国的父母让孩子自己独立地做事，就算失败也只是多了个“重头再来”的机会。在中国，小孩子如果做事失败了，父母就会一笑了之，说孩子还小，抢着帮他把问题处理掉，或者干脆让孩子放弃。这在无形之中父母就成了孩子的奴仆，帮助孩子做事。而英国的父母却不这样，他们平等地看待孩子，让孩子很小就开始帮助家里做事，很多孩子从两三岁开始就帮助家里洗碗、擦地，父母不会帮助孩子，而是站在一边着着孩子的一举一动。

澳大利亚的父母认为培养孩子的能力最重要，他们会让孩子去擦船挣钱，而且告诉孩子“你还要学习，因为你有能力安排自己的时间。”对于很小的孩子他们也很“狠心”，冬天父母不给孩子们穿厚衣服，就算很冷孩子也是一副短装打扮在公园的草地上跑来跑去。澳大利亚的父母希望孩子长大后敢做敢当，有能力，有创造力，同时还要有从小锻炼出来的、不怕寒冷饥饿劳累的健壮的身体。而中国的父母就只会希望，而不会让孩子去受苦受冷，所以中国父母就成了孩子的奴仆。

做父母做得怎样，最能表明一个人的人格、素质和教养。被自己的孩子视为亲密的朋友，这是为人父母者所能获得的最大的成功。不过，为人父母者所能遭到的最大的失败却并非被自己的孩子视为对手和敌人，而是被视为上司或者奴仆。

中国父母要改变这种现状，那么就要首先就要改变自己的心态，像国外的父母那样视孩子为平等的人，让孩子自己去做事，就算孩子失败了也不要改变自己的想法。只有让孩子自己行动起来，孩子才能学到真正的本领，也才能把自己的明天抓在自己手里。

NO.4

选择权是孩子自己的

暑假，我的好友华带着女儿圆圆去法国旅游，她们俩回来后就来我们家了。朵朵和圆圆在一起玩，朵朵想玩积木而圆圆想玩沙画，我说：“你们玩沙画吧，朵朵你听姐姐的。”华拉着我的手说：“别管她们了，让她们自己选吧。”等我坐下来，华接着说：“我这次去法国学了一招，什么事尊重孩子，让她自己选。”

华说她在法国的时候，有一天带着圆圆去法国朋友家做客，热情的女主人问她和圆圆喝点什么，华回答说：“我喝果汁，圆圆是我喝什么她喝什么。”女主人很不理解，说：“让孩子自己选吧。”华说：“她只有六岁，会选什么啊，你给她果汁就可以了。”女主人坚持让圆圆自己选，说：“她是个小孩子，但是她也有选择的权利啊。”最后圆圆自己做主要了一杯芒果汁。

华说：“法国朋友告诉我，孩子喝什么，应该由孩子自己来选择，这是孩子的权利，母亲绝不能越权代办。让孩子学会选择，就是让孩子学会按照自己的意愿办事，发展自己的爱好、兴趣和特长，满足自己的心愿。让孩子自己选择，更有利于孩子的成长。事后看一看，我们真应该学学人家，尊重孩子，让孩子自己选择。”听了她的话，我也有同感，同意让孩子自己选择，哪怕玩也让孩子自己选择。在我们说话的时候，朵朵和圆圆已经商量好了怎么玩了。原来她们想了一个折中的办法，就是先画沙画，然后按沙画的样子搭积木，两个小朋友为自己的决定高兴不已，开开心心地自己玩。

我们现在在谈民主，什么是“民主”？在一个家庭里，父母尊重孩子的选择，就是民主。中国的父母责任心太强，很多时候成了孩子的“代办者”，从生活琐事到思考问题都代办到底。中国的孩子在父母面前没有自己的选择权，他们的很多事都由父母代为操办，这样孩子很容易形成依赖性和懒惰性，缺乏自主意识、自理能力。由此想一想，中国父母真是劳而无功。

现在的孩子随时准备把父母“拍在沙滩上”，他们的想法总是与众不同。面对孩子新奇的想法，父母应该怎么办呢？其实有的时候站在孩子的角度想一想，接受孩子的想法，事情可能有不一样的状态。平时朵朵都帮我决定晚饭吃什么菜呀，今天穿什么衣服呀，房间怎么布置呀等等。那天朵朵爸爸去上班，朵朵拉着他的手说：“爸爸穿这件西装真好看，要是用那条紫色的领带就更好看了。”朵朵爸爸将信将疑地换了那条紫色的，确实好看多了，显得沉稳大方，我们不禁对朵朵刮目相看。

父母与孩子见解不同，意见不一致，怎么办？面对孩子的不同见解，父母应该高兴而不应愠怒，因为这说明孩子试图用自己的大脑进行思考，并尝试不依赖大人的搀扶而自己独立前行。这时，父母明智的做法是与孩子一起商量，在亲切的交谈中探讨、比较各种方案或观点的优劣，从而引导孩子做出正确的选择。父母要多用商量的语气，而不是命令的语气，妈妈想让女儿穿运动裤，而女儿却想穿那条漂亮的公主裙，此时妈妈要是说：“宝贝，今天有点冷，我们穿运动裤不仅漂亮还暖和，好吗？”相信孩子会愿意尝试一下，如果妈妈说：“今天就穿运动裤，不能穿裙子。”孩子就算听从了妈妈的，心里也是不愿意的。

孩子太小，我们不能保证他的每一次选择都是正确的，这就要求父母在尊重孩子选择权的同时，还应培养孩子的“辨别”能力。孩子的“辨别”能力只有在“选择”的实践中培养，所以，最好的培养办法还是多为孩子提供“自作主张”的机会。冬天穿棉衣还是衬衫，饭前吃水果还是饭后吃水果，睡前喝牛奶还是果汁……孩子面临的选择很多，可是他的生活阅力不够，不足以做出正确的判断，此时父母要帮助孩子做出正确的选择。

在培养选择能力的过程中，孩子肯定会摔几个跟斗、走一段弯路，但选择的能力正是在一次次选择的尝试中得以提高。父母千万不要用“不听老人言，吃亏在眼前”的责备来剥夺孩子的选择，甚至阻止孩子选择的实践。试想父母那几句“老人言”说得倒是轻松，可是对孩子来说，就是阻挡了成长的道路。

“孩子喝什么，应该由孩子自己来选择，这是孩子的权利。”试想，中国的父母如果把孩子的选择权当作一种权利来对待，那么父母们就不会轻易地说什么“不听老人言，吃亏在眼前”了。

父母不仅不要把自己的意志强加给孩子，还要充分理解并善于听取孩子的合理主张，鼓励孩子自我选择、自我决定，这样才是真正帮助孩子走上独立之路。

NO.5

巧妙应对孩子的“我是从哪里来的”

前天晚上要睡觉了，我陪着朵朵讲故事，她问我：“妈妈，我是从哪里来的？”我想了一下，说：“你和我一样，都是从地球来的啊。”朵朵笑着说：“不是不是，我是问我是从哪里来的？”我又想了一下，说：“如果妈妈告诉你，你是我和爸爸从垃圾筒里捡来的，你相信吗？”朵朵大声地说：“我才不相信呢，别的小朋友都是爸爸妈妈生的，我也是你们生的。”我说：“对了，你是爸爸妈妈生的，妈妈不是告诉过你吗？爸爸给妈妈种了一颗种子，这颗种子慢慢长大，长出了脑袋、眼睛、嘴巴、胳膊、腿，长成了你这个样子。后来越长越大，妈妈的肚子都装不下了，你就出来了。”朵朵似懂非懂地点点头，低声说道：“我是爸爸妈妈生的，我从爸爸妈妈那里来。”

五岁的朵朵就是一个现实版的“十万个为什么”，她的小脑袋里装了无数个问题，“我是从哪里来的”这样的问题从她的嘴里说出，我一点也不感到惊讶。只是面对这个问题我要巧妙地作答才对。

“为什么是妈妈生的我，不是爸爸生的我？”“我是从哪里生出来的？”对于孩子提出的这些性问题，中国的父母大都羞于启齿，或者用一些错误的方式进行应对，比如欺骗、嘲笑，父母这样做只会减少孩子对自己的尊重与信任，让孩子对性产生神秘感，反而刺激他们对这方面的研究。

面对同样的问题，美国的父母怎样回答呢？美国一个女儿问妈妈：“妈妈，我是从哪儿来的？”妈妈回答：“女孩长大以后，会嫁给爱她的男人，这个男人给她一颗爱的种子，进入她的身体里，会和她自身的另一颗爱的种子结合。结合的种子，慢慢长大就是孩子，我和你爸爸结合的种子就是你。”美国的父母认为和孩子谈性的问题时，应从小开始，一定要注意他们身体发育到了什么程度，话题要适可而止，不能一下子把什么都告诉他们，要随着年龄的增长，循序渐进地让孩子了解性方面的知识。

美国人的家里都备有一些让孩子容易读懂的、有关性方面的书籍和小册子。父母通常会拿一本有图片的书，和孩子一起看，边看边讲，一般是父亲跟儿子谈，母亲跟女儿谈。

美国专家称在孩子的一生中，对性知识的讲解，父母是最有权威的导师。当孩子问一些性问题时，要尽可能地诚实、自然、简明。这会让孩子对父母产生信任感，从而更相信从父母那里获取的性知识。而孩子看到父母对他提出的所有问题，都采取自然的态度，那么，他就可以完全放松地把想知道的问题都告诉父母。

西方童话故事中告诉孩子们“小孩儿是鹈鹕用嘴衔着从温暖的国度里带回来的”；而含蓄的中国人却将同样的意思表达得更加简单，“你是树杈中长出来的”或“路边捡回来的”。其实孩子们的提问，不仅仅是好奇心的体现，更是他们不断成长的信号。父母在回答孩子的提问时，应避免使用“路边捡回来的”等话语来敷衍孩子。因为父母一旦做出一个错误解释，就不得不用更多的错误解释去应对孩子，而这样的误导会对孩子理解科学概念产生不利影响。

随着时代的发展，科学的进步，各种各样的传媒已经将我们完全包围。孩子也经常在媒体或流行文化中接触到遗传、繁殖或生殖等概念。面对孩子形形色色的提问，父母正确的做法应该是：绝不回避，绝不说谎。父母的回答最好是简略的、形象的、巧妙的，并且最重要的一点是孩子可以接受的。

对于五六岁的孩子，父母不必主动去问，主动去讲，这样做反而让孩子觉得性问题比其他问题更重要。父母要让孩子感觉到性问题与其他自然科学问题一样，是个很自然的话题，父母和孩子可以一起平静讨论。另外，父母要注意性问题不能给孩子讲得太多，也不要说得太早，有问必答，真实科学，就可以了。

NO.6

说“反话”有时会起到反效果

上周末，楼上的东东来我们家玩，东东和朵朵在客厅玩积木，两个人正在用积木搭一座高高的塔。东东妈妈看着快到做饭的时间了，就提醒东东，“东东，妈妈要去做饭了，要不你和我回家，要不你就在姐姐家玩，妈妈一会儿下来接你。”东东正玩得高兴，听妈妈这么一说，马上大叫起来：“不行，妈妈要陪我玩。”东东妈妈说：“妈妈要去做饭，你不吃饭了吗？”东东拉着妈妈的手说：“那也不行！”说完还哭了。

东东妈妈有些生气了，对东东说：“你怎么听不懂话呢？哭，哭，你哭吧，你就使劲地哭吧！”说完拉着东东就往外走，弄得我和朵朵都没法说什么。听着东东的哭声消失在楼道里，我真想对东东妈妈说：“如果你不反着说话，好好和东东商量，他肯定不会哭得这么厉害。”

有时候父母感叹：孩子怎么就听不懂我说的话呢？其实当父母的应该仔细想一想，自己是否在好好说话。

4～7岁的孩子已经进入了“竞争期”，此时，孩子在心理上表现为好胜、好强，同时还特别叛逆。这时，父母和孩子交流，如果正话反说，可能会收到意想不到的正面效果。比如，当孩子不愿意去上学时，妈妈说：“不去就不去吧，妈妈还省了一笔学费呢。”此时孩子会说：“我就要去上学，我才不让你省学费呢。”正话反说，主要是给孩子营造一个竞争的氛围，故意挑起孩子的好胜心，正话反说也属于一种沟通的技巧、教育的方法。

“你不快点走，爸爸妈妈就不要你了。”“你不用吃饭了哦，这样妈妈就省粮食了。”有的时候父母并不直接批评孩子，反着说话，孩子可能更好接受。有些孩子天性好强，请将不如激将，如果父母适时改变方法，正话反说，孩子反而会顺着家长的意思。但是说反话并不适合每个孩子，也不能随时使用，要根据孩子所处的年龄段和孩子的性格来决定是否使用以及使用的次数。

4、5岁正是孩子发展自我意识和语言能力的关键时期，他们希望证明自己的能力，表现出自己的与众不同，所以这个时期孩子本身就喜欢恶作剧，唱反调。如果父母再对其正话反说，那么孩子就会自然而然地去跟着学，到处用。反话说多了，会影响孩子是非观念规范的形成。专家建议不论是从孩子行为规范的建立，是非观念的形成或是个性的培养上考虑，父母都要尽量正常话正常说，多与孩子进行正向引导、直面交流，做到坦诚相待。

父母适当正话反说，是用心思考教育方式的表现，但要把握好尺度。正话反说是一种压力，但是这种压力不应该把孩子压垮，应该把这种压力变成学习前进的动力。另外，父母经常正话反说，可能会让孩子形成一种印象：父母经常欺骗自己，从而影响孩子对父母的信任，影响孩子自信心的树立和其正常的社交。

有时候父母不仅不能对孩子说反话，还应该直截了当，“你还没有收拾好玩具，你知道妈妈有多辛苦吗？”妈妈的唠叨让孩子很羞愧，但是他不知道自己收拾玩具与妈妈多辛苦之间有什么关系。3、4岁的孩子根本就分不清父母说的话，哪些是潜台词，哪些是他需要执行的。所以父母对孩子说话要直奔主题、简单明了，切忌话中有话，含糊不清。

另外，父母给孩子说事要一次说一个，也就个一次一个指示，父母一次就让孩子做好几件事情，孩子就会觉得无从着手。奶奶说朵朵：“把油画棒收起来，桌子整理干净，把你的书包放到你的房间里，出来吃饭。”朵朵说：“我为什么要做这么多的事？”朵朵不知道应该先做什么，索性耍赖什么事也不做了。

有时反话可以激励孩子，有时候反话会伤着孩子，父母要随时观察孩子，和孩子交流中说反话时，如果孩子没有反应或者反应过于激烈时，父母就应该停止。但是，面对单纯的孩子，父母告诉孩子事情的时候都要直截了当，简洁一些，直接一些，孩子更容易理解和接受。

NO.7

最好的父母才有最好的孩子

前不久在朵朵幼儿园发生了一件事，一直让我放心不下。那天，我和往常一样去接朵朵放学，还没有到幼儿园就听到争吵声。我快步走了幼儿园，发现是天天妈妈在和保育员吵。天天和朵朵同班，所以我认识他妈妈，在幼儿园李园长和家长的劝说下，天天妈妈和保育员停止了争吵。

李院长把在场的朵朵班同学的家长都请了进去，在办公室天天妈妈说天天回去跟她说保育员每次给他的饭都不够吃，她跟保育员说过好几次了，可是还是那样。其他的家长都说：“孩子回来没有说过饭不够吃啊，可能是你听错了。”朵朵也没有跟我说过这事，幼儿园里应该不会有饭不够吃的话。后来才了解到天天妈妈跟这位保育员以前就认识，两人还为一些小事发生过摩擦，今天的争吵只不过是天天妈妈故意找茬的。在场的几个爷爷奶奶指着天天妈妈说：“你这样能教育得好孩子，才怪。”天天妈妈也羞得红了脸。

我一直纠结着一个问题“天天会不会是他妈妈那样的人？”前天朵朵回来告诉我天天转学了，准备到附近的小学去上学前班，我才暗地里松了一口气。

最好的父母才有最好的孩子，如果父母做得不好，教育孩子多多少少都会有一些问题。我们常常会说，身教重于言传。我们教孩子的时候，最爱要求孩子的就是“要乖，要听话哦”。可是，如果当父母都没有正确地遵守规则，奉行准则的时候，要求孩子听大人的话，又怎么可能教给孩子正确的行为准则呢？

有不少人认为美国人是非常随便的，不羁的，个性张扬的，这实在是一种误读。在对孩子的教育上，他们通常不会强调孩子做凡事都只听大人话的“应声虫”，但会比我们更注重言传身教。上次我在餐厅遇到一家美国人，爸爸妈妈带着3岁的小男孩，三个人点了一些中国菜。可能是孩子不习惯吃中国炒菜，并没有怎么吃，他的父母也不勉强他，两个人自己吃得津津有味。小男孩看到父母吃得香，也跟着一起吃，最后小男孩学着爸爸妈妈，把桌子上的菜吃得干干净净的，还学着爸爸用餐巾纸把手和嘴擦干净。注意，在他们吃饭的时候父母一直没有说话，小男孩一直是“学”着爸爸妈妈的样子在做，因为我看得出来他爸爸妈妈是故意在孩子面前轻轻地喝汤，慢慢地用筷子，一丝不苟地擦手。

“大人在前面做，孩子在后面学。”这一对美国夫妇确实做到了，至少在那一顿饭的工夫里孩子很听话，很懂事，算是个好孩子。父母的一言一行都影响着孩子，要想孩子成为一个优秀、积极的，那么父母就应该成为“最好的父母”。

父母应该有积极的生活态度，只有积极向上的人其家庭氛围才是积极的。一些父母经常在孩子面前谈论社会上出现的不正之风、贪污腐化等社会阴暗面，发牢骚、讲怪话、怨气连天，甚至还把一些“黑色顺口溜”说给孩子听。长期耳濡目染，孩子就会缺少社会责任感和远大志向，看问题偏激、情绪不稳定、自私自利、任性蛮横，这样的孩子将来很难成为对社会有用的人。

现在很多家庭都生活富裕，有相当优越的条件，此时有些父母满足于现实的安乐生活，不求上进，无所作为，经常沉湎于吃喝玩乐中。这种环境可能使孩子目光短浅，不求上进，养尊处优，玩世不恭。虽然钱是自己挣的，只不过享乐的生活方式会让孩子缺少一种艰苦朴素、奋发进取的精神。

经常处在被打骂责难的环境中，是对孩子幼小心灵和肉体的一种摧残，会使孩子意志脆弱、胆小怕事、缺乏自信。父母要引导孩子，而不是责难孩子，良好的教育方式而非暴力的方式，会让孩子更乐观开朗。

有些父母由于缺乏文化修养，平时脏话、粗话不离口，甚至当着孩子的面讲低级趣味的话，长期如此会使孩子从小讲话就没有礼貌，不讲理，粗鲁蛮横，使人讨厌，不易被社会所接受和容纳。就算为了孩子，父母都要把那些不文明的行为改正过来。

父母是孩子最好的老师，要想孩子成为优秀的人，最好的孩子，那么请父母注意自己的言行，因为只有“最好的父母”才会培养出“最好的孩子”。

NO.8

爸爸妈妈是孩子最好的听众

前天晚上我在做家务，朵朵和朵朵爸爸在看《动物世界》，朵朵跑过来对我说："妈妈，我看电视的时候看到了一条大蟒蛇，特别的粗，不过我都不害怕。"我说："朵朵真勇敢，这种蛇动物园里就有，看到真的也许你就怕了。"朵朵扯着我的衣角说："妈妈，周末带我去动物园吧。"我答应了她，她高兴地跳着去告诉她爸爸。

昨天晚上，朵朵悄悄对我说："妈妈，爸爸的脚好臭。"我笑着问："你为什么不对爸爸说呢？"朵朵低声说："我怕告诉他，他会打我。""你爸爸不会打你的，你去说吧。"我鼓励她说。朵朵真跑过去跟她爸爸说了，朵朵爸爸有些不好意思地笑了笑，赶紧去洗了。朵朵爸爸说："也就你有耐心，朵朵东一句西一句的，你从来都是最好的听众，没见你烦过。"我告诉他："因为我是妈妈，在孩子面前学会'听'就是高明的妈妈。"

"孩子的第一个听众就是自己的母亲。母亲要善于倾听，有倾听的耐心，有倾听的激情，更懂得倾听的艺术。"孩子从"牙牙学语"，就渴求倾听，妈妈就是孩子第一个听众。作为妈妈要鼓励孩子"说话"，耐心和孩子"交流"。这种交流不仅能使母子更加亲近，而对孩子的人格建立相当重要。当然，随着孩子慢慢长大，孩子知道爸爸也是自己最亲近的人，也愿意爸爸成为自己的听众，很多孩子就愿意和爽快的爸爸说"悄悄话"。

对父母来说，了解孩子头脑里想的是什么，也是一件很重要的事情。很多父母提出通过听孩子说话来了解他的感受，是非常直接、非常有效的方式。不论孩子提出的问题是大还是小，爸爸妈妈都要尽可能找时间立即去倾听他所说的话，而不要让孩子等爸爸妈妈有了空闲时间再说。

孩子在“被倾听”中感受到被大人关注、受到了大人尊重。所以倾听孩子的谈话，有助于赢得孩子的信任，这样孩子才愿意把他所有的事都告诉父母。有些父母孩子只要一说话，就打断孩子、阻拦孩子，说什么：“你一个小孩子懂什么？”“你的事怎么那多？”孩子没有说的激情了，当然不会把自己的心事和父母说了。父母随意打断孩子的话，孩子想说的话说不出来，就会逐渐失去对父母诉说的热情，养成孤僻、内向的不良性格。

“对话对话，两方说话。”只要孩子不说话，父母什么问题也解决不了。所以父母最好能想办法尽量少说，让孩子多说，听孩子诉说。有的父母跟孩子说话，一开口就说很长时间，非得把孩子说哭了不可。“你这样是不是错了？”“告诉我你还做了哪些错事？”总要给孩子找出个错来。孩子跟父母辩解是没有用的，后来好多孩子就干脆不说话，不理父母了。这些家长和孩子说话总想着要控制他，居高临下，并没有把孩子当成一个受尊重的独立个体。用这样的方式，好像孩子注定是做错事的一方，父母注定是来惩罚他的。长此以往，孩子哪里还有跟父母诉说的想法，什么事都藏在心里。

那么，父母如何才能当好听众呢？上次在一个讲座上认识一个从美国回来的妈妈，她说父母要改变心态，要承认孩子再小也是家庭成员之一，尊重孩子的想法。孩子虽小，但是却个个是“人精”，他们从父母的点滴小事里就能看出父母是否尊重他们、爱他们。在中国很多父母孩子只要一说话，就是“不许！”“不能！”随意打断孩子的说话，甚至有的父母告诉孩子：“你还小，不要乱说话。”根本就不给孩子说话的机会。其实在美国等欧美国家，父母不但不阻止、打断孩子的说话，还主动鼓励、要求孩子多说，这也是他们的孩子有独特的想法，敢于往前闯的原因之一。

另外，这个归国妈妈还指出父母要做出听的姿势，让自己看起来就是在认真听孩子说话。在孩子说话时，父母最好放下手里的事，专心听孩子说话，不可居高临下。一定要与孩子平视，看着说话的孩子，很自然地用眼睛来表达父母的兴趣和愉悦。孩子一看爸爸妈妈对自己讲话这么认真，就会更好地把要说的话说明白。有的时候父母的身体要稍稍向前倾，这样是表示有兴趣的姿势，激励孩子“说下去”。在听的过程中，父母保持微笑，并常常做出吃惊的样子，因为孩子最爱吃惊了，他们希望看到父母对自己所说的事情表达出吃惊的表情。归国妈妈指出中国的父母都太“板”、“正”，和孩子一起说话要不就坐着不动，要不就两手抱着胳膊，更有人搞小动作，翻翻书、看看报、挖挖耳朵，给孩子的感觉就是“她（他）根本就没有听我说话！”

这位归国妈妈摇着头说：“说话中最扫兴的是听到对方说‘我早就知道了。’父母送给孩子最好的赞美，是让孩子知道他说的每一句话，你都认真听到了，而不是简单、淡然的一句‘我早就知道了。’”她建议我们在听孩子谈话的过程中，用简单的诸如“太好了！”“真是这样吗？”“我跟你想得一样。”“你的想法太好了，请继续说！”“我简直不敢相信！”等等。这样不仅能激发孩子说话的兴趣，更让孩子充满了自信。

和孩子在一起，就要真正地融入他的世界，那是一种别样的幸福，更是一种独一无二的快乐。有的时候孩子的幸福要求并不高，也许他的需要只是父母静下来听他说一会儿话，这样就足够了。想让孩子更加聪明，和父母更加亲近，那么就从倾听孩子的话开始吧！

NO.9

给孩子一个宽松的环境

朵朵回家给我说：“妈妈，我们班的贝贝说不让我们去她家玩。”我说：“你们说要去她家玩了吗？”朵朵说：“没有，今天我们玩的时候说周末去谁家玩，贝贝大声地说不让我们去她家玩。”我拉着她的手说：“可能是她爸爸妈妈不喜欢别人去他们家吧，我们以后去别人家之前一定要征求别人的意见，知道吗？”朵朵看着我，说：“好的，我妈妈最好了，总是欢迎小朋友到我们家来玩。”想到每次小朋友们走了后我打扫“战场”的辛苦，我不得不暗暗摇头。

“绝不允许看电视。”“不允许自己选择课外活动。”“不许去同学家串门。”这是“虎妈”、“狼爸”所倡导的严厉家教的衍生品，贝贝妈妈可能就是模仿者之一，要不她怎么那么严厉地对待贝贝？

而眼下，又有很多父母用相对宽松的教育方式将自己的孩子养育成才。父母对待孩子是严厉还是宽松？哪种方法更科学呢？古代社会，父母对子女拥有绝对的权威。《朱子家训》有云：“凡诸卑幼，事无大小，毋得专行，必咨禀于家长。”“家长”拥有至高无上的权力和地位，儿女必须服从父母严厉的管教。

虽然中国现在是独生子女时代，但是还是有父母信奉严厉家教，他们奉行“孩子是需要严格管教的，年龄越小的孩子越需要立规矩、明是非。”可是这种严厉的家庭教育对孩子真的好吗？很多严厉的父母发现，孩子没有变得更好，却变得不爱说话不愿意与父母交流了。

其实这些主张严厉的父母的根源都来自于他们内心强大的压力，“我也不愿意强迫孩子，不这么做又不行。现在社会竞争这么激烈，如果放任他发展，将来怎么跟别人竞争？”儿童心理研究专家指出严厉的教育是一种专制的、粗暴的教育方式，是缺乏民主平等意识，不尊重孩子权利的表现，这种功利化追求驱使下的教育方式产生的“成功”只能是世俗意义上的成功，是不可取的。

“给孩子宽松的环境，多给他们一点自由。”这是法国家庭教育专家们从成功与失败的家教中总结出来的经验，对中国父母不无启迪。

据法国媒体报道，现在法国家庭“望子成龙”、“望女成凤”的愿望与中国人相比并无二致，法国的父母常常给孩子安排一系列课外课，孩子们的学习负担因此而加重。“除了上托儿所，每周还要上三次业余课：星期二学舞蹈，星期三学体操，周末学滑冰。后来我发现她累得不愿从冰上站起来。”是不是和中国的很多同龄孩子很相似？这是一个法国爸爸所说的他刚刚五岁的女儿一周的生活，“我决定停了这些课，让她喘口气。”这位爸爸说只有停了这些课让女儿有宽松的时间和空间，她才能迸发出创造的火花。

法国的教育学家们指出，孩子们学的课程多并不意味着学到的东西就越多。许多业余课程不仅使家长们的钱包变瘪，还消耗掉孩子大量的精力，如果一味地要求他去做太多的事，会使他产生厌烦的心理。为了使孩子将来能较好地融入社会，引导他们学会如何与人相处比学会某些技能更重要。因此，父母要尽可能带小孩去公园游玩，鼓励他们与同龄的小朋友进行交往。

在法国很多城市都在街头给孩子们留出一些空地来，或当旱冰场，或作自行车练习地，或用来搭建滑梯、秋千和翘翘板等，孩子们在那里玩得非常开心。对学习方面的安排，父母要认真听取孩子的意见，尊重他们的选择。

扩大孩子们的自由活动空间，向他们提供可选择的“大菜单”，是培养孩子兴趣、发展个性和开发智力的有效途径。中国的父母还要严厉地管教孩子吗？学一学法国父母吧，给孩子一个宽松的生活环境，孩子可能长得更好。

NO.10

让孩子创新多一些

朵朵去参加绘画班，因为教绘画的老师是我的朋友罗，很多时候我就不用到那里陪着。前天，朵朵又去绘画班，我没有别的事就陪着她。罗给了孩子们很多颜料，告诉他们想画什么就画什么。朵朵说她想画一架飞机，我鼓励她说：“那就好好画啊，朵朵看到过飞机啊。”我连说带比划，告诉她应该怎样画才是飞机的样子。

罗走过来对我说：“不要用你的标准要求她怎么画，朵朵画得挺好的，让她自己画吧。”20分钟后，孩子们画完了，说实在的大家画得都不怎么样，没有几个孩子画的是一幅“画”，都只能算做涂鸦。但是罗却夸大家，称赞每个孩子的作品，不表扬哪一个也不批评哪一个。

从绘画班里出来，我对罗说：“你们这不是在教孩子画画，而是在锻炼孩子的创造力。”罗笑着说：“你可真厉害，看出来了。其实孩子所做的都是最好的，他不需要变得更好。我们只需要让孩子把自己的创造力发挥出来就可以，慢慢你就会发现孩子在生活中的创造力更强了，创新更多了。”

创造力、创新力这是每个人都必须具备的，但是我们作为父母给了孩子创造力了吗？是不是很多父母都像我一样在无意之中就用自己的眼光去牵制孩子，无形之中抹杀了孩子的创新？

国际评估组织对21个国家进行的调查，中国孩子计算能力排名第一，想象力倒数第一，创新力倒数第五。中国科技大学校长朱清时曾经在一个教育论坛上指出：“中国目前最大的问题是一代、二代的年轻人缺乏创新能力，这也是我们国家今后发展的瓶颈。”

那么我们如何培养孩子的创新能力呢？最为重要的是父母要保护孩子的好

奇心，当孩子在观看蚂蚁时，当孩子在想象中做画时，孩子的好奇心无时无刻不存在着。父母要明白孩子有好奇心时，他的创新意识正在萌芽。很多时候保护孩子的好奇心，就是让孩子创新多一点。

父母要鼓励孩子积极探索，保护和支持孩子的探索欲望和探究行为，因为积极探索是创新意识的先导。孩子的眼睛里世界是五彩的，时时处处都有可探究的东西，父母可以陪同孩子一起探索世界，这样孩子的眼界就会更宽，创新意识与能力就会得到提高。

想象力是创新的翅膀，父母要注意保护孩子的想象力。孩子富于想象，对于孩子画的富有想象力的图画、凭自己想象拼搭的东西、自编的故事、舞蹈等等，都应给予肯定和赞赏，千万不要用对成人作品的衡量标准去要求评价孩子的创作。

父母要相信孩子在发展上存在着巨大潜力，给孩子自己动手动脑的机会，而不要包办代替。著名教育家陶行知先生很早就提出了“六大解放”，首先要解放孩子的头脑，让他们自己去想，其次是解放他们的双手，让他们动手去做。父母鼓励孩子动手动脑，也可以陪同孩子玩建构游戏，用积木、塑胶、泥、沙、石等各种材料构建建筑物和其它物体，让孩子在动手动脑的同时发展创新能力。

大自然是丰富多彩，千变万化的，更是培养孩子观察力、想象力与探索兴趣最理想的大课堂。父母要充分利用双休日与节假日带孩子走进大自然，变化多端的花朵，绚丽多彩的晚霞，形状奇异的土松、怪石等，都能启迪孩子的想象。孩子投入大自然的怀抱，能增强探索情趣，激发好奇心，丰富知识，启发智慧，而这一切都是培养孩子创新意识的基础。在大自然里父母要做孩子探索的引路人，引导孩子去感知、去观察、去探索、去发现。

孩子萌发创新意识、能力，特别需要父母营造一个民主、宽松的环境氛围。平时父母要尊重孩子的人格与心理需要，不要“一言堂”，要鼓励孩子参与活动，发表意见。父母给孩子自主活动的充分时间和空间，让他们在充满活力的自主性活动中激发创新意识，感受到创造的快乐。

当然，对于小小的孩子来说创新有的时候就是破坏，这就是考验父母忍耐力的时候，如果父母忍住了，去正确的开导，才有孩子下一次的创新。所以父母为了孩子有更丰富的创新能力，请忍耐孩子的过错吧。

NO.11

“安全感”让孩子安心睡觉

朵朵上中班的时候，有一天晚上，睡觉前她拉着我的手说：“妈妈，我们家也有警察就好了。”我说：“为什么啊？”朵朵低声说：“中午在幼儿园睡觉的时候老师都说：‘不怕，不怕，好好睡觉，外面有警察保护我们。’晚上睡觉也有警察就好了。”听她这么说，我有点心疼，握着她的手说：“朵朵不怕，爸爸妈妈就是你的保护神。你们幼儿园以前没有警察叔叔，现在突然来了警察叔叔，你们就觉得危险了，其实一点都不危险，等过一段时间你们习惯了有警察叔叔的时候你们就觉得安全了。”朵朵看着我说：“真的吗，妈妈？那我睡觉了。”我守在她床边，等她睡着了再离开。

那一段时间社会上发生好几起恶性事件，各地的中小学包括幼儿园都加强了戒备，不仅增加了保安，上学放学的时候还多了很多警察。我们提前没有跟孩子做好思想准备，让朵朵认为警察叔叔是因为大家有危险才来幼儿园的，晚上家里没有警察她就觉得不安全，不敢睡觉。

在国外学校配警察是惯例，那样可增强孩子们的安全感。在日本为给儿童和青少年创造一个安全的校园环境，从幼儿园开始，就有辖区派出所警察定期到校园巡查、开讲座，并通报近期治安动态，以加强对犯罪分子的威慑，增加孩子、家长和老师的安全感。日本校园门口配有校方的警备员、保安，在学生上下学时在校门口、交通路口保护孩子们的安全。此外，日本的一些地方还会组建“妈妈特工队”，在学校和家庭周边巡查，保护孩子的安全。

从幼儿园到高中，英国的每所学校里都配有一名荷枪实弹的警察，随时应对校园暴力事件。俄罗斯莫斯科大部分中小学校门口都配备有经过专门培训的保安，甚至是内务总局的警察。

只有警察才能给孩子带来安全感吗？不是，孩子内心的安全感父母给得更多。父母首先要找到让孩子没有安全感的原因，一般来说孩子出现这种情况的原因主要有两种，一种是内在因素，就是孩子的天生气质比较胆小，很多事都不敢独自完成。第二种原因就是受到外界环境影响，比如朵朵看到警察出现就认为周围有不安全的东西威胁着自己，而警察一旦没有出现她就没有安全感。

父母要给孩子安全感，最有效的行为方式是帮助孩子消除安全焦虑，让孩子勇敢起来。父母千万不能误认为孩子年龄小，电视剧或者成人之间的谈话就不会对他产生影响。实际上，孩子每天都会对所见所闻产生“联想”。很多孩子看到电视电影里的镜头都会联想到自己，假想中把自己放在一个很危险、恐怖的地方，内心时刻都不“安全”。所以，不管是孩子看了电视里的“意外”还是周围朋友出现“意外”，父母一定要及时进行“情绪干预”，向孩子解释出现问题的原因，并尽可能地多陪陪孩子。这样孩子没有了安全焦虑，内心就会平静下来，有安全感。

有的孩子是天生胆小又敏感，不安全的感觉并不是因为意外事件而产生的，这时父母就要帮助的孩子学会让胆子变大。很多孩子不敢一个人进入黑乎乎的房间，父母可以告诉孩子“进入房间之前，可以先开灯。”孩子先打开房间的灯，看到屋子里亮堂堂的，他就不会害怕了。

孩子的安全感、胆量都是随着孩子的成长而有所变化的，基本上都是胆子越来越大。父母一定不能急躁，要给孩子成长的时间。去年朵朵觉得家里有个警察睡觉才会更安全，现在她大一岁了，知道只要锁好门窗坏人就进不来，就可以安心睡觉了，所以每天晚上睡觉前朵朵都会问我：“妈妈，门关好了吗？窗户都关好了吗？”我会再让她和我一起“检查检查”，这样她就更安心地睡觉了。

孩子害怕某种事物的时候，父母不要着急，要慢慢给孩子安全感，这样他才不会害怕。有的父母认为孩子的安全感是他自己给自己的，胆量也是练出来的，所以会在孩子幼小的时候强迫孩子一定要自己下楼或者是单独在家，但是这样的结果只会强化孩子内心的恐惧，加深不安全的感觉。一一是个男孩子，现在都8岁了还不敢一个人到楼下玩，原来在他4岁的时候受过惊吓，所以胆子小。一一4岁时，他爸爸说：“男子汉大丈夫应该胆子大一点，你一个人下楼丢垃圾吧。”——胆子也算大，一个人拎着一袋小小的垃圾就下楼了，结果在楼下一只小狗不停对他叫，吓得他现在不论怎么说也不一个人下楼了。

父母平时要多给予孩子一些爱，让孩子知道父母就在身边，孩子知道父母爱他、关心他，安全感就自然而然产生了。孩子需要安全感但并不需要警察，父母用不同的方式在孩子的心上装上一把“锁”，这样孩子的心里才会有安全感。有安全感的孩子心里才会是踏实的，才能在黑黑的夜里一个人安心睡觉。

第九篇

我的孩子有着怎样的聪明！

有的父母相信儿童智力测试，认为自己的孩子的智商应该和爱因斯坦差不多，可是测试结果表明孩子只是一个普通的孩子。于是有的唉声叹气，有的请家教报学习班，有的甚至对孩子大喊大叫：“你为什么不是神童？”

每一个孩子都有着自己的聪明可爱，父母最重要的任务不是把孩子聪明、光鲜的一面展示给别人，而是把孩子好的一面继续发扬，把不好的一面慢慢进行改正。

每一个父母都要相信：孩子就是自己的天使。用一颗平常心去面对孩子，用最常规的方式去培养孩子，说不定无意之中父母就会发现孩子真的是最贴心的，对于自己来说孩子就是聪明与智慧的化身。

NO.1

不要盲目相信儿童智力测试

有一天和朵朵一起出去买东西，路过一家医院，朵朵对我说："妈妈，你也去测一测我有多聪明吧，我们班亮亮说他很聪明，他妈妈带他去医院测了。"我有点吃惊，还真有父母给孩子做智力测试的。我对朵朵说："妈妈不会给你测的，我们家朵朵本来就很聪明，如果以后做事更努力更用功一些，朵朵就会更聪明。"朵朵有点沮丧，一边往前走一边说："真不给我测啊，我还想知道我有多聪明呢。"我笑了笑，拉着她继续往前走。

我小学同学苏博现在是一名心理医生，前段时间我专门去咨询他需不需要给朵朵做智力测试，他的话让我大有所获。他说："作为一个心理医生，我非常理解家长的心情，同时，也为儿童智力测验所带来的负面影响表示担忧。"负面影响？我问他会有哪些负面影响，他谈到儿童智力测试的目的在于了解孩子的智商状况，有目的、有针对性地实施教育，挖掘他们的最大潜能。但是如果把握不当，过分迷信测验结果，很有可能陷入误区。

苏博说他遇到一个案例，孩子智力测试结果很好，表明孩子智商高，孩子的父母很高兴，认为自己的孩子是神童，是天才，对孩子提出很高的目标，寄予很高期望，在学业上拼命加压，最后孩子不堪重负，厌恶到不再想学习了。

"智商高仅仅是表示具有成功的可能性，而不是成功的必然性。"一个人的成功，除了智力因素，还有非智力因素，比如心理因素、性格特征等等，如果父母因为孩子的智商高就提出过高要求，会对孩子造成心理压力，一旦孩子达不到目标而失败，则会极大地挫伤孩子的自信心。正所谓欲速则不达，聪明反被聪明误。

同时他还提到，父母不要因为孩子智商测验略低，就把孩子定性为“弱智”和“低能儿”，认为孩子一无是处，放弃教育培养。孩子的可塑性很强，通过后天的努力，可以使智力状况得到某种程度的改善，当父母放弃这种努力，尤其是当孩子自己都认为自己不行的时候，孩子的前途是堪忧的。

经心理医生这么点拨，我告诉自己不能给朵朵做智力测试，让我和朵朵爸爸心态平和地面对朵朵吧。

什么是智力？到目前为止，还没有一个直白的、通俗形象的表达方式。其实智力包括观察能力、记忆能力、思维能力、想象能力、实践能力等。那种把智力单纯地看成聪明程度是不全面的。

智力测试对中国人来说是舶来品，但是中国人却比西方人更热衷于此。那么什么样的孩子应该接受智力测试呢？现实生活中有孤僻、胆小、学习成绩太差、成绩极度不平衡等症状的儿童可以进行智商测试，让心理专家对孩子欠缺的某方面能力进行培养和训练，但不必让孩子知道测试的结果。而中国父母不论孩子身体状况、学习状况，都想对孩子的智力进行测试，好像不测一测孩子就不聪明一样。

心理学家指出“智力测验是可信的，但不能全信；是可用的，但不能完全依赖它。”父母要认识到智力测试只是一场心理测试，测验毕竟是一种工具，作为工具总有其局限性。所以父母们要坦然面对测试结果，不要盲目相信。

对智力测试结果，父母应有自己的判断和分析。因为，只有父母最了解自己的孩子，更何况儿童智力发展受多种因素影响，是一个动态过程，智商的高低会随着个人的努力程度不同而有所改变。智力测试测的是孩子的综合智力，而非特殊能力，父母应注意孩子特殊能力的培养，扬长避短，使之有所作为，有所成就。

即便智力测试的结果比较准确，也不能说分数高的孩子长大后就一定智商高。专家指出“有许多成功人士，儿童时代智商并不高，后来经过自身努力及多方培养，变得很聪明、很有成就；许多小时候看起来很聪明的孩子，长大后也照样一事无成。”对孩子后天的教育引导比进行智力测试更重要，父母对孩子的帮助比智力测试更重要。

NO.2

分数还宜“放眼量”

从朵朵上大班以后，老师就开始留一些家庭作业了。开始的时候，我和朵朵爸也并没有把它当回事，觉得孩子还小，识字念书这些到上小学以后再要求也不迟。

有一次，我去幼儿园接朵朵，朵朵一见到我，就露出一脸的不高兴。到了我身边，她低着头，小声地跟我说：“妈妈，昨天写的作业，老师才给我打了80分，还批评我了。”

到家之后，我看了作业本，原来是朵朵算错了两道题。作业本上写着红色的大大的“80分”，十分显眼。以前老师也常在作业本上打分，不过基本上都是“100分”，怪不得朵朵会不高兴，这个“80分”还是她头一次得到。看着朵朵一副萎靡不振的样子，我赶紧对她说：“谁都有犯错的时候，只要找到错在什么地方，改正了就对了。”

话虽这么说，但不知为什么，我的心情突然有些沉重。不是因为朵朵算错了几道题，而是这个“80分”给她幼小的心里造成了不小的影响，着实让我没有预料到。

一般来说，分数能反映孩子的一些情况，父母或者孩子对于“分数”的关注也是应该的。但是，学前的教育重点毕竟还是以培养孩子的学习习惯和学习兴趣，提高孩子的自理能力为主，如果这么早就让这些稚嫩的孩子们承受“以分数定高低”的压力，到底是好是坏呢？

如果我现在直接说，培养孩子“能够适应未来国际化需求”的视野不能只看分数，必然会遭到很多家长的鄙夷：不光在我们的国家要看分数，要看考试成绩，就是留学考外国的学校，不是也要看成绩的吗？要是没有一个拿得出去的分数，我们的孩子以后还怎么在社会上立足？

说到这里，我想起了以前接触过的一个教育案例。

主角是一位移民妈妈，她的儿子和表妹的女儿同龄，在一起上学的时候，儿子总考不过那个聪明的小女孩，这让妈妈的脸上多少有点没面子。

后来她带着儿子移民。儿子现在上11年级，相当于国内的高三。“美国的高中生很忙，课业很重，也有压力。但他们没有班级，只有辅导员。你选了什么课，到时间自己去上，跟咱们的大学生一样。他们写的报告，就像写论文，要自己查资料。”

儿子带回家一份选课单，看得妈妈眼花缭乱，她仔细数了数，天哪！整个高中期间一共有120多门课可以选。

“课分得特别细，像音乐课，就包括音乐理论、电子配乐、钢琴、古典吉他、爵士乐、声乐、交响乐等14门科目。英语部分开设了大学英语、演讲、写作、新闻采访、语法、美国文学、世界文学、戏剧创作等26门课。就连家政这类课，也细分为烹饪科学、生活管理技能、室内设计、驾驶员教育等。”

妈妈明显地感觉到，美国的学校不光是教学生文化知识，而且更注重学生的兴趣爱好、生活技能、自理自律、人际交往等方面的培养。上大学，除了要看高中成绩，参加入学考试外，还有一项重要的内容就是，看学生有什么特长爱好，组织参加过什么社团，做过哪些社会服务等等。

“很疯狂、也很快乐！可以留下很多记忆。看我儿子的高中生活，是那么丰富多彩，让人羡慕。我真觉得，学习只是受教育的很小一部分，健全人格的培养，能力的培养更重要。”妈妈越来越为儿子感到自豪。

而这位移民妈妈的表妹的女儿呢，学习依然保持得很好，考上了市里最好的重点中学，成绩在年级排名第一。为了让孩子专心学习，表妹从小到大不用孩子干一点活，连鞋带都是出门前妈妈蹲在地下给系好的。高考前三个月，表妹的女儿一人得了三项优秀学生奖，有同学妒嫉，对她挖苦讽刺。本来不善于跟人打交道，被人中伤又不知怎么处理，加上高考的巨大压力，表妹的女儿精神崩溃了：紧张焦虑，出现幻觉，只要一想到上学，就头疼不止。表妹领着女儿四处求医后，状况才有所好转。

后来家里又送她出国自费留学。这个女孩子就是会学习，在语言学校学了一年日语后，拿到日本一所著名大学的录取通知书。但是，表妹每天都是提心吊胆地过日子。女儿的精神问题就像一颗炸弹，不知在她以后的人生路上，会被什么东西再次引爆。

这个案例给我们的启发是什么，想必也不用我多解释了。虽然国内越来越多的老师和家长都在说素质教育，可实际上真正的素质教育距离我们还有多远？孩子多方面的能力的培养，还是得靠家长从小从细处来抓，学校看重的仍然是一成不变的学习成绩。但是，如果仅仅把分数作为一种目的，并且是唯一的目的，孩子的目光就会被局限在这一分两分的得失上，这样又如何能把视野放得更加宽广？

孩子一生的幸福，一定是基于全面发展，而不是基于一个分数。那么，现在我想告诉朵朵的是：一个有着健全的人品、人格和积极向上精神的人，他的未来一定能够获得一个比较不错的前途，而一个有着良好分数的人，并不一定会有一个美好的前途。所以，妈妈并不希望你因为这个“80分”而郁郁不乐。学习是生活中非常重要的事情，同时也是幸福的事情，但是分数的高低，你完全不要在意！你要做的只是不断地改变自己的错误，并且从自己的错误中学到东西，然后使自己第二天比前一天进步一点点。

虽然女儿可能暂时还不会完全理解我说的这些，不过我相信，她那小小的胸襟，也一定会情不自禁地在妈妈的鼓励下豁然起来。

NO.3

每个孩子都有自己独特的个性

春天的时候幼儿园里举办春季运动会，我也去参加了，因为有好几个亲子项目需要家长配合。朵朵跑了一圈有点热了，想喝水，我先带着她到卫生间洗手。洗完手朵朵去放毛巾的地方擦手，她们班的特特也在那里，可是特特发现自己的号数上没有挂毛巾，就站在那里，既不用别人的毛巾擦手，也不走。张老师进来发现特特的特殊情况，就在特特的号数上挂了毛巾，特特才肯擦手。

我低声对朵朵说："特特还挺有个性的啊。"朵朵仰着头看着我，说："妈妈，什么是个性？"我迟疑一下，说："就是很特别，很不一样。"朵朵说："哦，那有什么，他本来就特别，名字都叫'特特'。"

一会儿我发现特特真的很特别，有几个小朋友上场比赛了，张老师就让特特坐到前面靠近她一些，结果特特说："这是我的位置，我要坐在自己的位置上，那边不是我的位置，我才不去。"弄得张老师哑口无言的。特特这个性格倔强的孩子，真是十分有个性。

孩子有个性，父母应该怎么办？上次在网上进入一个论坛，看到一个旅美多年的妈妈的说法，觉得很有道理。这个妈妈说到："我认为中美家庭教育理念上最大的不同就是父母对孩子个性的态度，中国父母普遍对孩子期望值很高，甚至过高，缺乏对个性的关注和培养；而美国父母对孩子的期望一般比较实际，尊重个性。"

古往今来，"望子成龙"、"出人头地"的思想在华人中影响很深，中国父母普遍对孩子期望值很高。中国父母的目的性很强，导致对子女实行过于严苛的教育手段，以及偏重知识和技能的培训，而忽略完整的人性培养和人性发展。而美国无论家庭教育，还是学校教育，都是要促进具体的个人的发展，真正的教育是建立在信任与尊重的基础之上的，是建立在宽容与乐观的期待之上的。

如此而言，中国父母应该如何保护和尊重孩子的个性？

生活是孩子的，要靠孩子自己去发现、去创造；活动也是孩子的，只有当孩子自己动手、动口、动脑，自己选择，自己享有活动主权的时候，孩子的活动才能获得意义之源，才能促进孩子个性的发展。和谁一起玩？玩什么？玩多长时间？这些繁锁的小事，让孩子自己去决定，给予孩子充分的活动主权，就能促进个性的发展。

正确的评价，可以激发孩子的兴趣、鼓励孩子的好奇心与探索精神，使孩子对实践活动始终保持愉悦的情感体验。父母对孩子的行为、活动给予正确的评价，有利个性的发展。朵朵有时候和特特一样很坚持原则，每次朵朵爸爸和她下棋，朵朵都要提前说清楚："如果有事玩不下去了，我们就把棋记下来，下次接着玩。"她制定的规则是不能改的，朵朵爸爸经常玩着玩着有事忙去了，朵朵就让他离开之前用手机把棋盘拍下来，下次玩的时候再按照片摆开接着玩。对于朵朵近似固执的做法，我和朵朵爸爸都说她是个"有原则"、"讲规则"的人，所以朵朵一直坚持着自己的做法，算是有点个性了。

鼓励孩子按照自己的想法去做事，就是保护孩子的个性。有一则发人深思的故事，说的是日本、美国、中国的孩子画苹果。中国孩子画苹果，是由老师先在黑板上画出一个标准的苹果，规定出先画左，后画右，这里涂红，那里涂绿；日本的孩子画苹果，由老师拿着一个苹果，孩子们在观赏后作画；美国的孩子画苹果，则是老师提鲜果一筐，由孩子任拿一个而画。由于教的方法不同，结果也不一样，最后中国孩子笔下的苹果最像苹果，美国孩子画的苹果最受小朋友欢迎。因为美国老师以孩子为主体，关注个体，张扬个性，所以孩子们可以尽情发挥，画出自己心目中最美的苹果。

父母要以孩子为主导，只是回应而已，不要试图主导孩子。只要孩子不会受到安全威胁、不妨碍他人、不破坏环境，那么就让孩子随着他的个性发展吧。每一个孩子出生时都有个性，都有不凡的创造力，只不过被自以为是的成人一点一点以"爱"的名义扼杀掉了！父母爱孩子，那就请爱孩子的个性，维护孩子的创造力。

NO.4

不要把孩子和他人比来比去

带着朵朵去书店买书，我们俩在儿童读物的书架前看书，这时候来了一对母女，小女孩和朵朵差不多大却戴着眼镜，看着让人挺心疼的。过了一会儿，我们听到小女孩对她妈妈说："妈妈，我们买本童话吧，我们班小朋友都在看童话。"妈妈说："买什么童话？英话版的就买，中文的就不买。"小女孩有点不愿意，再次央求，她妈妈就开始唠叨了，"你都快6岁了，幼儿园里也教英语，可是你记住了几个单词？只怕10个单词都搞不清楚。楼上的天天多大了？只有5岁半，可是人家已经学会了80多个英语单词，你还不好好学英语，以后怎么办？"

小女孩无言以对，只能按妈妈的要求买了英语版的童话。那个小女孩只有6岁，她哪里看得懂英文版本的童话啊，这个妈妈只怕是操之过急了。在我们周围像那个妈妈一样爱把自己孩子和别人孩子比的真不在少数。"你看隔壁的小孩，一直都那么听话，你怎么跟人家比啊。""人家的孩子一回家就复习功课，你就知道玩游戏！""人家条件不如我们，可是人家知道好好学习，你怎么整天就知道玩啊玩的。"细听之下，每个居民楼里都会有这样的比来比去的声音。

好多的中国父母都有一个共同的特点：喜欢拿自己的孩子和别人的孩子比来比去。过去人们比吃，比穿，比钱多，现在却开始比孩子了。谁家的孩子成绩优秀，谁家的孩子有才华，谁家的孩子考上了重点学校……父母把孩子学业成绩当成装饰品，当成向别人炫耀的资本。

当父母们在一起时，孩子是否优秀、是否听话，成了父母最重要的"面子”。中国父母的一个陋习就是喜欢用孩子的成就来为自己脸上贴金，当孩子在别人面前争足了面子、让父母觉得脸上有光的时候，父母就会对孩子宠爱有加，大大奖励一番！当孩子让父母在别人面前面子尽失的时候，父母又会气急败坏，对孩子大呼小叫。父母的面子重要还是孩子重要？父母每将孩子和别人比一次，都是对孩子心灵的一种摧残。

“望子成龙、望女成凤”是天下父母的愿望，这也是可以理解的。作为父母，谁都希望自己的孩子成绩优秀，谁都渴望孩子成为自己的骄傲。就算父母做比较只是单纯地想让自己的孩子向别人学习，取长补短，但是父母在不知不觉中，已经伤了孩子的自尊心。每个孩子都是一块尚未雕琢的璞玉，都有成为人才的可能性。但是每个人和别人相比都存在性格、能力、天赋等许多方面的差异。一个孩子可能在一个方面比不上别人，但是在另一个方面却远远强于别人；有的孩子虽然爱玩一点，但是天性善良，富有爱心，懂礼貌；有的孩子也许脑子没那么灵活，但是很上进，很努力，很正直；有的孩子也许不善于交际，但是很细心，很独立。作为父母，你在把孩子拿去和他人比较之前是否看到孩子的长处了？既然如此，为什么要抓住孩子的缺点不放，而不对他的优点加以赞扬和鼓励呢？

父母尽量不要拿孩子和别的孩子比较，而是要帮助孩子找出缺点，找出不足，父母要告诉孩子怎么做能改正缺点，而不是一味地指责批评。父母的比较其实是另一种方式的批评，而且这种批评常常是在很多人面前进行的，这样的经历一多，孩子会缺乏自信，甚至会给自己的不成功找理由，认为自己本来就不如人家，从而缺乏了进取的精神。

还有一些父母喜欢拿自己的过去和孩子比，这样也是不可取的，毕竟年代不同，社会现状不同了。父母应该多了解孩子的世界，了解孩子的心理，知道他们的需求，顺应时代的要求，不要总想着让孩子完成自己没有完成的理想。孩子就是孩子，是个独立的个体，父母不要让孩子停留在父母的过去，而是要让他勇敢前行。

一些年轻的父母总认为孩子小什么也不懂，更谈不上自尊心，随便和别人比一比，不会伤害自己的孩子。父母们在比较和数落孩子的同时，有没有想过这会给孩子的成长和心理发育带来什么样的后果呢？

父母要有一个平常的心，让孩子以自己的自然速度成长。不在孩子之间互相攀比，不要拿别人的长处与自己孩子短处比。要放平心态，多给孩子一些鼓励，少一些批评、少一些打击、少一些数落。孩子在需要鼓励的时候，父母就给他们信心；在需要引导的时候，父母就给他们指明道路。

NO.5

一个“红脸”一个“白脸”的弊端

上个周末朵朵爸爸和我带着朵朵去逛超市，朵朵看到一盒芭比娃娃就想要。我觉得家里的玩具已经很多了，芭比娃娃也有一盒，再买就是浪费了，于是告诉她：“不能买，家里已经有一盒了。”朵朵小声地说：“家里那一盒是去年买的，里面好几个娃娃都坏了。”朵朵爸爸说：“已经有几个坏了啊，那还能玩吗？”我赶紧阻止了他，对朵朵说：“那是你弄坏的，还有几个好的，不能买新的。”朵朵嘟着嘴，拉了拉她爸爸的手。

朵朵爸爸看了看我，对朵朵说：“既然坏了几个，那我们就再买一盒新的，朵朵就可以把旧的娃娃的衣服给新的娃娃穿，不然那些漂亮的小衣服就浪费了。”他们俩没有理我，径直去买了一盒新的芭比娃娃。

晚上我和朵朵爸爸深谈了一次，我对朵朵爸爸说：“这样可不行，不能她说要什么，就给她买什么。家里都这么多玩具了，再买就是浪费了。”朵朵爸爸说：“又不是天天要，我们小时候想玩儿，还没有卖的呢！再说人家的坏了嘛，买个新的让她玩一玩呗。”我正色道：“你这不是疼爱，是溺爱。当着孩子的面我们要意见一致，孩子很会看脸色的，你看今天她知道你愿意给她买，所以就一直看着你。”朵朵爸爸最后还是同意了我的观点，说以后一定会积极配合我的教育工作。其实不是说谁要配合谁的工作，主要是大人意见不一致的时候，孩子就会出现“侥幸心理”。他们心里会想：没事儿，一个同意，一个不同意，那我就去找同意的一方，下次还可以这样做。

记得我刚有朵朵的时候很多老人都对我说：“以后管孩子，你和孩子爸爸一个唱‘红脸’，一个唱‘白脸’，不能都对孩子凶但是也不能都对孩子好，那样有松有紧才好管孩子。”朵朵大一点以后我发现老人说的一个红脸、一个白、脸的做法不可行了，朵朵经常会见机行事，常常对那个不利于她的“脸”看都懒得看一下。

父母在教育孩子时如果意见不一致，不仅父母的大量的心血大打折扣，甚至付之东流，还会给孩子带来很多不利后果。如果父母发生分歧，爸爸说要往东，妈妈偏偏说往西，令孩子无所适从，不知道听谁的才好。有的父母甚至会有意识地“你唱白脸我唱红脸”，一个迁就、保护孩子，另一个则扮演严厉教育的角色。孩子也会有本能的自我保护心理，他会进行选择，会利用父母对自己的意见不一致去寻找有利于自己的一方，也就是说，谁护着自己，他就倾向谁。这样一来就可能造成孩子的双重人格，在爸爸面前是一个样，在妈妈面前又是另一个样。

孩子总是认为父母的话就是正确的，父母就是有威信的人。但是当父母意见不一致，尤其是在孩子面前发生争执、甚至彼此否定对方的时候，会使孩子对父母产生失望的情绪，降低了父母在孩子心里的威信，父母说的话对孩子来说就再难像以前那样具有很高的执行可能了。

孩子太小，他的是非判断标准来自于成人，尤其是父母。家庭当中，当父母产生分歧和时候，他往往会觉得胜利一方的观点就是正确的，而事实上也许并非如此。长此以往，小孩的是非观会变得模糊，甚至颠倒是非。

父母在孩子面前一个唱红脸、一个唱白脸，有时甚至会为教育孩子的事发生争吵，孩子也许并不知道父母在吵什么，但是他知道父母是因为他而发生了争吵，胆小、内向的孩子会因此感到惶恐不安。在以后的日子里，为了不使父母发生争吵，他常常会谨小慎微，即使在家庭中、父母面前也不能表现出孩子的天性，生怕因为自己的不小心又使父母发生争执。孩子在如此的自我压力下，成长会受到影响，尤其是在心理健康方面。

孩子的教育问题，是个大问题，教育方法更重要，并不是一个唱“红脸”一个唱“白脸”那么简单。好的教育方法，不光是学习书本上的理论知识和方法，更重要的是要在生活中去实践和总结。只要父母之间能够多交流，多沟通，多探讨，只要父母对孩子能够多用心，多实践，多总结，做到父母意见一致，对教育孩子来说这就是最好的办法。

NO.6

坏情绪就等于谋杀

前天朵朵回家后对我说："妈妈，我们班多多的爸爸真是个暴脾气，太厉害了。"我笑着说："你知道什么叫暴脾气啊，以后不要乱说话。"朵朵认真地说："我当然知道什么叫暴脾气了，多多爸爸在家发脾气，用书把多多的头砸了个大包。"我说："这么说来他的脾气可真是火爆，你们怎么知道的啊。""多多没有来幼儿园，老师打电话的时候他妈妈说的。"朵朵解释道。

过了些日子在幼儿园看到多多又来上学了，只不过头上明显有一道伤痕。多多妈妈看到我说："哎，真是祸不单行。那天，他爸爸工作上出了点事，回来心情一直就不好。你也知道我们家多多有多淘气，我训了他好几次，他都不听。他爸爸当时正在看书，拿起一本书就扔了过去，砸到多多头上，当时就流血了。吓死我了，他爸爸抱起多多就往医院冲。还好事不大，我们说了以后孩子再淘气，也不打他了。"

人吃五谷杂粮，岂无七情六欲？要想置身世外做神仙，难哪！不过，控制情绪，并不是要父母压抑或掩饰自己的情绪，而是要尽量避免或减少因自己的不良情绪而产生的不适当的教养行为。像多多爸爸那样控制不住自己的坏情绪，结果就给多多造成了伤害，多多爸爸应该庆幸孩子只是伤了头皮，要是伤了眼睛就麻烦了。

父母经常会对孩子说："你不那么淘气，我就不会这么生气。""我这么生气，还不是你惹的。"仿佛父母的烦恼、气愤都是孩子带来的。可是事实真的是那样吗？有时候我们发现就算爸爸和妈妈面对孩子的同一行为都会有不同的情绪反应，比如孩子蹦蹦跳跳，在家到处干坏事，妈妈看着觉得是活泼可爱，但爸爸却觉得烦人、讨厌；孩子拒绝与父母沟通，并且对父母表示厌烦，爸爸会生气，指责孩子，而妈妈则会感到内疚、自责。这说明让父母生气的有时候不是孩子的行为本身，还与父母的容忍度、情绪好与不好有关。

面对小孩子的天真、无知，父母要学会控制自己的情绪，此时父母可以学习一些控制情绪的技巧。控制情绪的第一要诀，就是改变自己原来的一些不合理观点，并且用一些合理的观点来取代它，比如：父母与孩子之间的困扰、不协调，只是彼此意见不合、看法不一致，并不是大难临头；孩子从不成熟走向成熟，不是一帆风顺的，犯错误是孩子成长的必经阶段，孩子出错、遇到问题是一件很自然的事情，等等。

作为父母如果发了脾气，别太内疚。要知道无论愤怒、沮丧还是自责，甚至敌意，都是难免的，不需要刻意逃避、压制或掩饰，而是要坦诚地承认和接纳它们。如果总觉得自己不该如此，就会更焦虑和紧张，反而不利于情绪的调节和控制。

说话的声调能够传达人的情绪和态度信息，父母要试着调整自己说话的声调，让它变得沉稳和友善，也能使自己的情绪逐渐变得愉快和稳定。面部表情和身体姿态既能表现人的情绪，也可以影响人的情绪。父母如果感到疲倦或心情沮丧，可以面对镜子微笑，也常常能让自己感到愉快、精神好起来。

父母如果实在控制不住自己的坏情绪，那么也可以选择暂时逃避，如果和孩子聊得不投机，眼看要“踩地雷”，可以暂时打住，或者暂时离开谈话的地方，倒杯水、上个厕所什么的。就算不能走开，也可以试着转换一下话题，强迫自己想想其他事情，总之要让自己转移话题，调整情绪。

孩子童年是否快乐，是否有安全感，是否被肯定等，很大程度上影响着今后的心理健康。如果父母不懂控制自己的情绪，孩子一淘气就打骂，或者孩子没什么事也打骂，那么在孩子的心里就没有被父母关爱的感觉，那就容易出现心理问题，有的孩子还会成为“问题孩子”。

每一个“问题孩子”的背后都有一个“问题家长”，父母没有教育、引导好，才会让孩子成为“问题孩子”。当父母的要学会把握自己的情绪，不要随意向孩子宣泄坏情绪，因为坏情绪就等于谋杀，父母在坏情绪的影响下“刹不住车”对孩子非打即骂，孩子受到的伤害将不仅仅是头皮出血那点伤了。

NO.7

不要信奉“棍棒底下出好人”

前天，朵朵和楼上的东东在一起玩，东东妈妈问我：“朵朵要是不听话，你会打她吗？”我说：“不会，我会训她，让她自己站着好好反思反思。”东东妈妈说：“我看到东东不听话就想打他，俗话说‘棍棒底下出好人’，孩子不听话就要打。可是我发现东东还是不听话，有时候越打越不听话。”我很想对东东妈妈说“孩子不是打才能听话的”，但是看到她发现东东把衣服弄脏了又怒气冲冲的样子，我把话又收了回来。

“棍棒底下出好人”几乎是中华民族几千年来教育孩子的精华，可是人们现在发现：听话的孩子不用打，不听话的孩子打了也没有用。那么孩子应该怎么教育呢？我发现西方国家的父母一般不打孩子，如果孩子犯了错他们会用别的方式惩罚孩子。

在新西兰，打孩子是违法行为，因此，父母一般都不会体罚孩子。新西兰的父母看到孩子在公共场所闹腾，只要不影响到别人，父母一般都会采取冷处理的方式对待孩子，比如随他闹去。如果影响到别人，会将孩子抱走，放在一个比较开阔而安静的地方，让他继续闹，直到他闹够。这些父母认为孩子闹是为了吸引父母的注意或者通过这种方式来达到他的某些目的。如果看到自己的闹腾没有效果，他自然会选择放弃。

如果孩子犯了错，日本父母会采取各种措施惩罚孩子。比如取消孩子外出玩的计划，甚至让孩子饿上一顿，或者进行适度的体罚。但是，如果孩子在公共场所犯错，父母一般不会当众处罚孩子。

在美国的家庭及幼儿园中，父母和老师常用“计时隔离”的方式来“惩罚”一时不守规矩的孩子。美国法律规定，小孩必须随时有成人陪伴和保护，在这种环境下，孩子很少被冷落或有孤立无援的情感体验。因此，一旦被隔离而受到“冷落”，必然会从心理上产生强烈的震撼。

可是，经过对挨打受骂的孩子和快乐成长的孩子的长期跟踪调查发现，从小遭受太多、太大挫折的孩子长大后更加害怕遭受挫折，而且容易形成谨小慎微、胆小怕事的性格。而那些从小就快乐成长的孩子长大后则更具有抵抗挫折的能力。粗暴的打骂教育都是不能培养孩子耐挫折能力的，当时看可能会有些效果，但那不过是表面现象，等孩子成年以后粗暴教育的恶果便会逐渐凸显出来。

有些中国父母认为，如果孩子小时候不接受严厉教育，上学后就不会努力学习并应付学习中必然出现的困难与挫折，光快乐有什么用？这种说法表面上看不无道理，但是父母要明白，自己是站在成人的角度，忽视了孩子的感受，怎么能将社会对高素质人才的要求加到一个小小的孩子身上呢？

教育孩子至关重要的是父母要有更高更远的视野，每位父母都希望自己的孩子是优秀的，但很多“问题孩子”让父母头痛。“子不教，父之过。”父母在动手之前应该先想一下，自己这样做，对吗？对孩子是不是真能产生好的作用？

很多父母打骂孩子不考虑孩子的需要与特点，一味地从自我出发，不允许孩子有半点差错或异议，使孩子感受不到亲子之情和慈母之爱，使孩子处于不安和焦虑之中，体力智力发展受到不良影响。由于得不到应有的爱和支持，孩子往往形成冷漠、孤僻、仇视、攻击、自信心差等心理问题，并且这些心灵创伤，往往会成为日后不良行为甚至犯罪的根源。

打骂从表面上可以使孩子暂时克服自己不正确的欲望和控制不正确的行为，但是，不能从根本上解决问题，弄不好还可能使孩子养成说谎的毛病，变得阳奉阴违，父母面前不做、背后做。孩子幼稚无知，分不清善恶好坏，也没有坚强的性格，父母就要耐心细致地教他学会分辨，积极地启发和引导。

打孩子是父母无能和缺乏修养的表现，还可能引起孩子对父母的蔑视，降低父母的威信。有的孩子在脑子里根深蒂固地形成“你有错，我就打你”的观念后，他就会以同样的方式对待其他孩子，还会以同样的方式对待下一代，将来会成为权威型、暴力型的父母。

年轻的父母要记住“棍棒底下出好人”早已经过时，打骂教育，是一种畸形的家庭教育方式，在现代的家庭中，应该避免出现。

NO.8

请承担必要的压力！

前些天表姐来我们家，说起她的宝贝闺女表姐就一脑门子“官司”，她说：“你说我们家乐乐怎么这样呢，天天不好好的只会在家淘气。”乐乐现在只有四岁，不淘气才怪。上次我看到表姐夫一回家就守着电脑，根本就不和乐乐玩，乐乐和我们玩了一会儿就去拽着表姐夫的袖子，可怜巴巴地说：“爸爸，你弄完你的电脑了吗？”看得我都为乐乐伤心。

表姐说：“我们也想多一些时间陪她啊，可是我们工作都忙，好不容易休息一会儿就想好好待着，没想到她又来烦我们，真是淘气，不理解人啊。”我倒是想对她说不理解人的是她和表姐夫，就算父母的压力再大也要陪孩子啊，不能以孩子淘气为理由就不陪孩子。

由此我想到一句话：父母，请承担必要的压力。

我们身边总有父母在孩子面前念叨：“我们现在压力多大？你身上穿的哪里来？你碗里吃的哪里来？你还不好好学习，将来也要像我们这样吗？”想一想，他们说的每一句话都是对的，但是对孩子来说每一句话都是没有多大用处的。孩子太小，对父母所说的这一切都理解不了，但是无形之中孩子就会产生压力，影响他的正常生长、发育。

芬兰科学院的科研人员调查发现大量的学生都有学校压力综合征，这一综合征症状包括疲惫、得过且过、质疑学校教育价值等。研究人员同时向这些学生的父母提出类似问题，询问工作压力相关话题。结果发现，父母如果在工作中承受较大压力，导致体力透支、精神倦怠，他们的子女大多在学业上遭遇类似状况。这种“感应”在同性之间更加明显。如果父亲因工作疲惫不堪，儿子更容易出现学校压力综合症；而母亲在工作上承受的压力则容易“传染”给女儿，影响女儿学业。

仅就学习压力而言，中国孩子所承受的比美国孩子大很多，早已超出了“可以承受的极限”。这种差别基本上是由于两国父母对待孩子学业成绩的不同看法所引起的：中国父母注意哪些东西孩子没有学会，而美国父母却注重孩子学到了哪些东西；中国父母重视孩子还有哪些不足，美国父母却重视孩子新取得的成绩，哪怕是一个很小的成绩。中国父母重视学习的结果，而美国父母更重视学习的过程。

不论哪个国家，父母的过度关爱都会对孩子产生压力，其实父母在关爱孩子的过程中爱了孩子，也把自己的压力转移给了孩子。父母要孩子，给孩子一个美好的明天，那么，请承担必要的压力，不要把自己的压力转移。

面对压力，父母应该怎么做呢？

年轻的父母又要工作，又要敬老，又要教育孩子，确实存在巨大的压力，很多人都称自己“压力山大”，父母承担压力的方式不是积攒压力也不是向孩子宣泄压力，而是通过合适的方式舒缓压力。尽量抽出时间去锻炼身体，父母可以自己出去转一转，也可以带着孩子一块儿出去散散步。旺盛的精力会让父母感觉好一些，锻炼能够给人带来更多能量，有了能量，父母就能更好地照顾自己和孩子，疲累感减少一些。

找人谈一谈心，这个“人”可以是朋友、父母、信任的人或者是另一半，最糟糕的做法就是选择一个人独自承受不良情绪和压力。通过谈心，不仅可以缓解压力，也会找到更好的教育方法，不至于一时情急做出过激的事情。

父母也可以找一些时间放松一下自己，读读书、听听音乐，与朋友聊聊天，或者把自己原来的爱好捡起来。给自己一些喘息的时间，试着从繁忙的工作家务中解脱出来，做这些事情的目的是让自己能够平静，从而能够更理性地看待生活、工作中的压力，采用正确的方式“解压”。

最重要的是父母不要把自己的压力传递给孩子，很多父母要不就是用“高度关注的爱”把孩子“烤焦”，要不就像表姐夫那样说以“忙”、“累”为理由对孩子不理不睬。父母要自己承担压力，不要因为自己是个“高压锅”就把孩子变成一个小“高压锅”，实践证明小孩子一般都承受不了多大压力的，父母转移的压力只会让孩子觉得“很受伤”。

年轻的父母请承担必要的压力，带着欢喜和平常心，把孩子当作普通的孩子，爱他，但不奢望他当神童，去哈佛，当大款，当高知。让孩子有一个快乐的童年，长大品行端正，自食其力，便好了。

NO.9

说话算数，非诚勿扰

有一天，朵朵回家后一个人坐在沙发上哭，我从来没有见她那样过，吓了一跳。我问她：“宝贝，怎么了？出什么事了吗？”朵朵哭着说：“妈妈，今天早上爸爸说好要来接我的，为什么没有来啊？”我这才想起来，早上朵朵爸爸是对朵朵说过今天他下午下班早他去接她，可是中午的时候朵朵爸爸打电话给我说他中午突然有事，下午不能去接朵朵了。我下午事情多，接朵朵的时候也没有跟她说清楚。

我赶紧把事情对朵朵说明，还说：“爸爸是最爱朵朵的，今天他临时有事不能来接，朵朵原谅爸爸好吗？爸爸以后有时间一定来接朵朵。”朵朵哭着说：“我不是非要爸爸来接，他说的话就要算数，说了来就要来，我还给小朋友们说我爸爸今天会开汽车来接我呢。”原来朵朵生气的是自己不能在小朋友们面前显威风了，我说：“爸爸就算开了汽车来接你，也没有什么了不起的啊，爸爸也不是故意说话不算数的，他有事才来不了的，你就别生气了。”晚上朵朵爸爸回家我把事情告诉了他，他笑着对朵朵说：“小人精还挺事儿多的，好的，我以后保证说话算话，答应接你就算天上下刀子我也来接你，行了吧？”朵朵这才高兴起来。

俗话说一言九鼎，父母对孩子说话就要算数。父母对孩子就要一诺千金，不要给孩子开“空头支票”。一诺千金不仅仅是简单地兑现某个诺言，更重要的是可以培养孩子遵守诺言的意识，这是一个非常重要的品质，甚至可以说是无价之宝。

世界各国都在开展诚信教育，教育孩子诚信的前提是父母必须是个有信用的人。

美国从幼儿园和小学起就重视对孩子的诚信教育，美国的孩子都知道这样一则故事：一位国王要选择继承人，于是发给每个孩子一粒花种，约好谁能种出最美丽的花就将谁选为未来的国王。评选时绝大多数孩子都端着美丽的鲜花前来参选，只有一个孩子端着空无一物的花盆。最后，这个孩子却被选中了，因为每个孩子得到的花种都被蒸过根本不会发芽。国王选的不是最会种花的孩子而是最诚实的孩子。试想如果父母、老师不是有信用的人，这样的故事就不会对孩子产生多大的触动作用，只能是一则一听即过的故事。

在德国父母非常注重为孩子营造一个诚信的氛围，父母们普遍遵守这样一个原则：教育孩子诚实守信，父母必须做出榜样。一个小城的路口有一块牌子，上面写着："为了孩子请不要闯红灯。"据当地居民讲，自从立了这块牌子后，闯红灯的行人和车辆明显减少。因为父母带头为孩子做出遵守交通规则的好样子，孩子自然也会这样做。

日本的诚信教育几乎贯穿人的一生，在家里父母经常教育孩子"不许撒谎"，到学校里耳濡目染的是"诚实"二字，到公司里"诚信"几乎是普遍的经营理念。日本的父母对孩子算是"君子一言，驷马难追。"只要对孩子说过的话，父母一定会做到。

"抱起孩子亲亲脸，拉拉小手再许愿：'这次任务一完成，爸爸带你去公园……'此去一定难回还。"这是我上次听到的孩子们唱的一个儿歌，可见对父母不能信守诺言的情况，孩子是多么的无奈。说话算数、说到做到的父母，会使孩子重视他们所说的每一句话。如果父母做不到，因为孩子有时并不能真正了解事情的原委，所以会认为父母说话不算数，从而不再信任父母。以后父母再要求孩子什么，答应孩子什么，在孩子心中都会打折扣，使得父母与孩子的交流、沟通出现障碍。

如果父母常把对孩子的承诺不当回事，会让孩子觉得一个人可以说话不负责任，答应的事也可以不办，这可能会让孩子变得不遵守诺言、不承担责任，或是总以猜忌、多疑、不信任的态度对待其他人。我和朵朵爸爸对待朵朵的要求一直以来就是本着实事求是的态度来处理，能做到的才答应，不能做到的从来不信口而言。有的时候就算遇到了困难，我们也会尽力去做，最后如果实在做不到也会给朵朵解释清楚，以求得她的原谅。

父母如果做不到，那么就诚实一点，对孩子承认错误，切不可为自己的“爽约”寻找客观理由。父母为自己的“爽约”寻找理由，使承诺带来的正面刺激一步步走向消失，如此一来，孩子将来也会为自己做不到的事寻找各种借口，而不从自身寻找原因，不肯道歉及反省自我。

一般情况下，父母不要轻易对孩子许诺，不要用空许愿、开空头支票的办法来调动孩子的积极性，求得问题的暂时解决。说话算数，非诚勿扰，父母如果对孩子许下了愿，那么就一定要兑现。即使遇到困难，也要想办法克服困难去兑现。

NO.10

孩子不喜欢“让来的”赢

夏天的时候，吃过晚饭很多人都到楼下广场上纳凉，我们一家也到广场上玩。航航和他爸爸更是把棋盘也搬到楼上，航航虽然只有六岁但是象棋已经下得相当的好了。朵朵也凑前去看，说：“我要给航航哥哥加油。”

航航爸爸不经意的一步棋，让胜利已成定局。这时候我们看到航航有点紧张了，不停地挠头，航航爸爸说：“你刚才肯定是没有看到，悔一步吧。”说完就要把棋恢复成上一步的样子，航航抓着他爸爸的手说：“谁要悔棋了，你让来的赢我才不要呢，我要自己去赢。”父子俩当即又继续下棋，航航爸爸也不留情面地下棋，时不时地看一眼航航，航航也算是用尽心思了，因为他满脑门都是汗。

很多父母在和孩子玩的时候都有意地让着孩子，对于3、4岁的孩子可能会吃那一套，但是对于大一点的5、6岁的孩子，可能就会像航航那样拒绝，因为在孩子眼里他们喜欢用自己的能力去取胜。

孩子喜欢与别人竞争，老师在幼儿园举行吃饭比赛、穿衣比赛，父母也会借竞赛来激励孩子，使其做事快一些、更好一些。竞赛的目的无非是为了制造气氛，激发孩子的好胜心，它本身不是目的。但是中国的父母却把输赢看得很重，孩子只要不高兴，父母就缴械投降：“好好好，算你赢！”

而国外的父母却不是这样，他们把输赢看得很轻，不论是玩游戏也好，小朋友之间的竞争也好，外国父母希望的是培养孩子的能力，而不是输赢。我记得去年朵朵幼儿园里举行秋季运动会，其中一个亲子项目就是“两人三足”，孩子和爸爸、妈妈或是爷爷、奶奶一起参加，两个人并排站立，两个人靠在一起的两条腿用布条绑住，然后大家比谁走得快。刚开始大家还沉得住气，慢慢地走，走了一半的时候有的孩子就沉不住气了，嚷嚷着快点，这时候和孩子一起的大人就抱着孩子往前跑。

我身边的妍妍妈妈说：“怎么能这样呢，这样玩还有什么意义？这个游戏是训练协调性的，他们这样做还不如直接比哪家大人抱着孩子跑得快。”妍妍妈妈是个导游，经常带外国旅游团，她说：“我见到好多外国人和孩子玩这个游戏，他们从来不这样做，都是和孩子一起慢慢地走，就算摔倒了也高兴得哈哈大笑，从来没有像今天这样比赛的。”是啊，中国父母太看重结果了，可是却让这个“结果”弄得失去比赛的真正意义。

如果父母经常“让着”孩子，孩子会以为他永远都应该是赢家，但现实生活并不是如此，他总要面对自己所不擅长的事情，总要学会怎样应付输的局面。这就如同很多父母过度地鼓励、赞美孩子一样，过多的赞美会使孩子产生错觉，以为自己很了不起，甚至完美无缺，从而无法面对自己的瑕疵。

很多孩子不知道什么是“让”，以为自己这个“常胜将军”是有真才实干的，就骄傲自满起来，孩子的骄傲情绪一旦滋长、扩大，就会形成一种固定的自负心理，这样就容易沉溺己有的成绩。孩子只要骄傲自满起来，以后就很难纠正，一些潜质很好的孩子长大以后没有有所成就，正是骄傲自满、狂妄自大造成的。

既然让着孩子对孩子不利，父母又不希望孩子总受“输”的刺激，那么怎么办呢？父母希望通过玩、竞赛树立孩子自信心，提高自身能力，那么父母就要用一些心思。孩子的态度来源于父母的示范，所以当父母输了的时候，别忘了总结一下教训：“我怎么会输呢？让我想想看，噢，是不太专心的缘故。”潜移默化的结果是，当孩子输了时也会考虑输的原因。另外，无论是输是赢，父母都要有乐观的态度，念叨：输赢乃兵家常事，重要的是下一次要吸取教训。孩子从父母的身上就能学到正确的输赢观，不会仅只在乎输赢结果了。

父母适当的期望可以激励孩子积极向上，使孩子勇于接受挑战。然而有些孩子却是父母不适当期望的牺牲品，孩子很希望让父母满意，常竭尽全力去争取成功，一旦输了，除了对自己所付出的努力无法获得心理平衡外，还害怕让父母失望，产生自卑、胆怯的心理。父母要给孩子灌输一种想法，那就是：不论什么事，不论输赢、不论成败，重在参与。孩子有了信心，有了父母的支持就会用心地参与活动，体验到活动的真实目的。

看起来简简单单的玩却也有不少的学问，输掉几局游戏不重要，重要的是培养孩子良好的品性，不要因小事而骄傲，也不要因小事而气馁。另外，父母不论是在什么情况下，为了什么目的千万不要修改游戏规则。规则只要定下来，对谁都是公平的。父母应该在公平的前提下让孩子自己去赢去输，教给孩子比赛时应有的气度，从而培养孩子良好的性格品质。

父母拿出自己的真本事，和孩子公平地玩游戏，刚开始孩子取胜的机会不大。经历几次败局，孩子就会知道：原来是爸爸妈妈在让着我啊，其实我也没有那么厉害！在这样的情绪影响下，孩子会更认真努力地去学习游戏技能，长自己长点“真本事”。不过，父母还可以和孩子玩一些需要一起合作而不是竞争的协作性游戏。比如，一家三口一起各显其能，看看谁能让气球在空中停留的时间长，这不仅会教给孩子团队协作的精神，而且还有助于他认识到自己不用“赢”也能完成一些事情。